La structure métaphysique du monde moderne

Heidegger et la question de la technique

Ouverture philosophique

Collection dirigée par Aline Caillet, Dominique Chateau, Jean-Marc Lachaud et Bruno Péquignot

Une collection d'ouvrages qui se propose d'accueillir des travaux originaux sans exclusive d'écoles ou de thématiques.

Il s'agit de favoriser la confrontation de recherches et des réflexions, qu'elles soient le fait de philosophes « professionnels » ou non. On n'y confondra donc pas la philosophie avec une discipline académique ; elle est réputée être le fait de tous ceux qu'habite la passion de penser, qu'ils soient professeurs de philosophie, spécialistes des sciences humaines, sociales ou naturelles, ou… polisseurs de verres de lunettes astronomiques.

Dernières parutions

Gilles GUIGUES, *La vertu en acte chez Aristote, Une sagesse propre à la vie heureuse*, 2016.

Yvon QUINIOU, *Misère de la philosophie contemporaine, au regard du matérialisme, Heidegger, Husserl, Foucault, Deleuze*, 2016.

Chloé DELAPORTE, Léonor GRASER, Julien PEQUIGNOT (dir.), *Penser les catégories de pensée. Arts, cultures et médiations*, 2016.

Pierre DREYFUSS, *La Photographie « de » Wittgenstein*, 2016.

Robert FOREST, *L'homme connaissant, Quatre essais de philosophie critique*, 2016.

Fatma MOUMNI, *Auguste Comte et la pensée de David Hume*, 2016.

Germain-Djéry NDONG-ESSONO, *De l'éthique environnementale à la dialectique réflexive. Confrontation entre Hans Jonas et André Stanguennec*, 2016.

Arash JOUDAKI, *La politique selon l'égalité. Essai sur Rancière, Gauchet, Clastres et Lefort*, 2016.

Gérard GOUESBET, *Violences de la nature*, 2016

Olivier VERDUN, *L'énigme de la domination*, 2016

Michel FATTAL, *Du bien et de la crise, Platon, Parménide et Paul de Tarse*, 2016.

Joël BALAZUT

La structure métaphysique du monde moderne

Heidegger et la question de la technique

L'Harmattan

Du même auteur
chez le même éditeur

L'impensé de la philosophie. L'essence du tragique, 2007.
Heidegger, 2008.
Art, tragédie et vérité, 2011.
Heidegger, une philosophie de la présence, 2013.
Heidegger et le problème de la métaphysique, 2015.

5-7, rue de l'Ecole-Polytechnique, 75005 Paris

http://www.harmattan.fr
diffusion.harmattan@wanadoo.fr

ISBN : 978-2-343-09538-7
EAN : 9782343095387

« Concevoir ce qui est, est la tâche de la philosophie. Elle résume son temps dans la pensée. Pour dire un mot sur la prétention d'enseigner comment doit être le monde, nous remarquons qu'en tout cas, la philosophie vient toujours trop tard. En tant que pensée du monde, elle apparaît seulement lorsque la réalité a accompli et terminé son processus de formation... Lorsque la philosophie peint sa grisaille dans la grisaille, une manifestation de la vie achève de vieillir. On ne peut pas la rajeunir avec du gris sur gris, mais seulement la connaître. Ce n'est qu'au début du crépuscule que la chouette de Minerve prend son vol ».

F. Hegel, Préface des *Principes de la philosophie du droit.*

Introduction

La présente étude se propose de mettre au jour le sens de ce que Heidegger a nommé « l'essence de la technique », ou encore le *Gestell*, dont la mise en place progressive au plan mondial constitue, selon lui, l'aboutissement nécessaire de l'histoire occidentale devenue planétaire en tant qu'elle trouve son origine en Grèce à l'époque de Platon et d'Aristote. Pour Heidegger le règne du *Gestell* (terme qu'on traduit généralement par « arraisonnement »), est, en effet, le résultat d'un destin historique auquel il serait bien vain d'imaginer pouvoir échapper, ce qui donne toute son importance à l'effort pour en comprendre le sens. Il va s'agir alors, pour nous, de montrer comment Heidegger, tel que nous l'interprétons, permet effectivement, mieux que quiconque, de comprendre le sens de la civilisation planétaire qui commence à prendre forme aujourd'hui. Son originalité consiste, en effet, à proposer une lecture de l'histoire et du monde moderne qui tranche avec les conceptions habituelles. Ainsi, par exemple, celle-ci ne débouche pas selon lui sur un capitalisme mondialisé, mais plutôt sur un « règne de la technique », lequel doit cependant être bien compris, car il n'est rien d'autre que la « réalisation » de ce que la métaphysique - en son déploiement de Platon à Hegel - a pensé à l'avance et qui constitue un au-delà du libéralisme économique.

En effet, en dépit de certaines apparences, ce règne de la technique qu'annonce Heidegger est en fait celui de la Raison prétendant produire et maîtriser l'étant en totalité. Or, ce règne de la Raison n'est rien d'autre que l'accomplissement, la « réalisation » de l'idéalisme métaphysique qui fonde l'Occident, lequel trouve son origine dans la « révolution platonicienne » et commence à s'accomplir pleinement chez Hegel. Et ce règne de la Raison prendra finalement le sens de celui de la science, dont la vocation fondamentale n'est pas seulement de déployer une connaissance du réel, mais bien de l'arraisonner en se réalisant pleinement comme « science-technicisée ». On verra, en effet, comment Heidegger, en dépit de certaines formulations de sa part qui prêtent à confusion, ne pense pas la science à partir de la technique moderne, mais bien plutôt au contraire, la technique comme accomplissement de la science dans et par laquelle s'établit ce règne de la Raison qu'annonçait l'idéalisme métaphysique.

Toutefois, pour prendre la pleine mesure de la « révolution platonicienne » qui commande de loin ce règne de la Raison, ou encore de ce que Heidegger appelle le *Gestell*, qui se met en place aujourd'hui, il faut la comprendre sur la base de l'interprétation heideggérienne de l'homme comme *Da-sein*. L'homme se caractérise originellement, en effet, selon lui, par la « compréhension de l'être », par le fait qu'il est le « là » (*Da*) de l'être (*sein*), et c'est cette compréhension, généralement implicite, de l'être qui commande l'ensemble de ses comportements à l'égard de l'étant. Or, la mise en place du *Gestell*, qui représente le plus extrême oubli de l'être en son sens originel, doit lui-même être compris comme reposant, cependant, sur un certain mode du dévoilement de l'être, du *Da-sein* : il s'agit d'un mode d'ouverture de l'homme à l'être sous une forme radicalement déniée, ou encore d'une « ontologie par dénégation » suivant l'expression pertinente de Jean-Luc Marion[1]. Il faudra donc, pour en saisir la signification, déployer en premier

1. Jean-Luc Marion, *Sur l'ontologie grise de Descartes*, Paris, Vrin, 2000, p. 185.

lieu le sens de la compréhension originelle de l'être qui caractérise l'homme au plus profond, bien qu'il ne cesse de la dénier ou encore de la renier. Cela va alors nous conduire à nous tourner préalablement vers la Grèce du mythe et de la pensée présocratique, car la Grèce fut, aux yeux de Heidegger, le lieu d'un étrange paradoxe. Les Grecs anciens furent non seulement ceux qui ont le mieux assumé, à l'époque présocratique, l'ouverture de l'homme au sens originel de l'être, mais ils furent ensuite, à partir de Platon, les initiateurs du plus extrême retrait ou déni de celui-ci, lequel s'accomplit pleinement aujourd'hui dans notre civilisation rationnelle planétaire.

Il y a cependant une difficulté spécifique qui obstrue l'accès à la pensée de Heidegger. Ainsi que nous l'avons montré ailleurs[2], l'inquiétude théologique qui n'a cessé de l'habiter lui interdit d'assumer pleinement la pensée de l'être comme pure et simple *existence* (sans fond) et « essencifiant » en elle-même, qui est cependant la sienne, et qu'il retrouve avec perspicacité chez les Présocratiques. L'étude que nous allons développer dans les pages qui suivent, va alors être l'occasion de montrer que la pensée de Heidegger, en son tout, ne prend la plénitude de son sens que si l'on met au jour cette ontologie de l'existence en partie impensée, dans la mesure où le règne de la technique, comme extrême oubli (ou déni) de l'être ne peut se comprendre que comme un déni radical de l'existence.

2. Joël Balazut, *L'Impensé de la philosophie heideggérienne*, Paris, L'Harmattan, 2006.

Première partie

Le dévoilement de l'existence chez les Présocratiques et l'essence originelle de l'homme

La difficulté particulière que présente l'œuvre de Heidegger et que nous venons d'évoquer est donc en partie due à une équivoque ontologique - laquelle provient d'un clivage inhérent à cette pensée - que Kostas Axelos est le seul, parmi les interprètes du passé, à avoir décelée[3]. Ce clivage trouve sa source, disions-nous, dans une profonde inquiétude religieuse à cause de laquelle Heidegger n'a jamais pleinement assumé sa propre ontologie qui exclut, en effet, toute théologie. C'est en même temps ce clivage qui explique le caractère exceptionnellement prolifique de l'œuvre, qui n'en finit pas de se débattre dans sa contradiction non assumée, inaperçue, en remettant en permanence en jeu sa propre problématique.

Ainsi que nous l'avons suggéré, il s'agit avec Heidegger de ce qu'on pourrait appeler une « ontologie de l'existence », mais non assumée. Car il faut bel et bien prendre ici le terme d'existence en son sens traditionnel, et non pas au sens spécifique que lui donnera Heidegger qui n'a fait qu'embrouiller les choses. Voici, en effet, ce que nous voulons dire : Heidegger pense l'homme comme un étant particulier qui se caractérise par une « précompréhension de l'être ». Or, cette précompréhension implicite et *a priori* de l'être, qui ne fait qu'un avec l'assomption de la finitude, de la mortalité sans rémission, est véhiculée par le *mot être* qui court dans la langue et qui, secrètement, la porte. Mais le mot être de la langue, aussi bien en français qu'en allemand ou en grec, désigne l'existence et, à cela, Heidegger lui-même ne peut rien : il désigne la pure et simple présence ou « position » des

3. Dominique Janicaud, *Heidegger en France*, T.II, Paris, Hachette, 1985, p. 23-26.

choses - comme Kant à sa manière l'avait vu - qui apparaissent dans la perception, comme étant là sans raison. Le propre de l'homme, qui se sait mortel, est donc d'être implicitement ouvert par la langue, c'est-à-dire par le pouvoir de nomination des mots, en chacun desquels parle en secret le mot être, à la simple présence d'un monde qui l'englobe et qui se montre à lui en sa « position », en son « gisement de présence », comme se déployant sans raison et pour rien : pure présence toujours déjà là et sans fond. Or, cela Heidegger le dit très rarement ou même tout simplement le renie. Toutefois, dans la conférence sur le principe de raison de 1955, il écrit, bel et bien, que : « l'ancien sens du mot « être »... désigne la pure et simple présence qui est sans pourquoi, dont tout dépend et sur laquelle tout repose »[4]. Le propre de l'homme est ainsi, d'être structurellement ouvert, par le *mot être* qui porte la langue, à « ce qui *est* en tant qu'il *est* », à l'*on e on.*

L'homme, à la différence de l'animal - qui ne se rapporte aux choses que dans la perspective ouverte par ses intérêts vitaux (comme utiles ou nuisibles) - a un *monde*, au sein duquel il se sait situé, en ce sens qu'il est ouvert *a priori* par la langue, au règne d'une pure et simple *présence* englobante, qui se donne à travers les sens, qui *apparaît* donc, qui est à la fois sans dehors (une omniprésence), éternelle, et qui se déploie sans raison : qui n'a pas d'autre sens qu'« être », qu'exister. Or, c'est à la hauteur de cette pensée de l'être, généralement déniée (par les religions, puis par la métaphysique et les sciences), que se sont tenus les Présocratiques, ainsi que le suggère Heidegger dans le cours de 1935 *Introduction à la métaphysique* et ainsi qu'il l'affirme, cette fois clairement, dans un seul texte (à notre connaissance), lequel est donc particulièrement précieux : il s'agit de la fameuse séance

---

4. Martin Heidegger, *Le Principe de raison*, Paris, Gallimard, 2008, p. 266.

du 2 septembre 1969 des *Séminaires du Thor*[5]. Les Grecs anciens qui se caractérisaient par le fait qu'ils se tenaient retenus dans l'étonnement devant ceci « que l'étant est », d'après la conférence *Qu'est-ce que la philosophie ?*[6], ont développé cette ontologie de l'existence à travers le concept de *phusis* qui est le concept directeur de leur pensée. Le monde est une Nature (*phusis*) englobante, qui ne cesse de laisser éclore des choses pour un temps, avant de les reprendre en elle, sous le simple effet de la contradiction qui déchire le toujours déjà là de son fond chaotique, entre une puissance productrice *aveugle* et une tendance inverse à tout reprendre en elle, à tout reconduire en son sein.

Ce fond informe hétérogène de la *phusis*, qui est, disions-nous, « toujours déjà là », sera nommé par Heidegger la *terre* (dans *L'Origine de l'œuvre d'art*), comprise comme sens originel de la matière[7]. Il nommera par la suite *Chaos*, en référence à Hésiode, ce fond informe hétérogène de la *phusis*, dans le cadre de son commentaire du poème de Hölderlin, *Comme au jour de fête*[8]. Ce qu'il appelle la « différence ontologique » est quelque chose, à la fois de fondamental et cependant de relatif : c'est la différence au sein même de la *phusis* entre les étants organisés et le fond informe qui les produit. Il s'agit de la différence entre l'être - pur gisement, pure « position » d'une présence informe (indéterminée), « toujours déjà là » - et les choses particulières fugitives, qui en participent.

5. Martin Heidegger, *Questions III* et *IV*, Paris, Gallimard, 1996, p. 416 à 421.

6. Martin Heidegger, *Questions I et II*, Paris, Gallimard, 2006, p. 328.

7. Martin Heidegger, *Chemins...*, Paris, Gallimard, 1980, p. 45.

8. Martin Heidegger, *Approche de Hölderlin*, Paris, Gallimard, 1979, p. 81.

Ce qui caractérise l'homme en propre, comme mortel sans rémission, et qui commande son comportement, mais qu'il renie le plus souvent et que seuls la Grèce du mythe et les Présocratiques ont assumé, est ceci : il se trouve confronté, par la langue, à la parfaite étrangeté du « faire face » de toutes parts et sans raison de ce qui est, c'est-à-dire à l'étrangeté d'un règne des choses se tenant étendues alentour, n'ayant pas d'autre sens qu'« être » (pour rien), et au sein duquel il se trouve lui-même « jeté » en sa finitude radicale. Il est ainsi « frappé d'ouverture » pour la simple *phénoménalité* des choses, qui se montrent à lui, qui surgissent puis s'évanouissent. Or, ce règne incommensurable et englobant de la présence, en son autonomie et sa plénitude, qui se déploie à partir et en direction d'un fond informe que les Grecs avaient nommé *Chaos* ou *apeiron*, est éternel et sans dehors : il est le seul et unique monde incréé. Dans la mesure où nous participons de cette présence éternelle, elle nous offre la plénitude, mais nous ne pouvons que la pressentir (comme retour au « mélange » avec les éléments), car elle ne pourrait être retrouvée que dans la mort. Montrer cela, tel est le sens profond de la tragédie grecque (celle d'Antigone en particulier). Or, c'est uniquement à reconquérir une telle ouverture tragique au monde, recouverte par la tradition philosophique depuis Platon, mais caractéristique de la Grèce du mythe et encore dans une certaine mesure des Présocratiques, que s'attache Heidegger.

Il faut comprendre alors qu'une telle expérience de l'être est l'essence même du matérialisme authentique, de sorte qu'on voit par là pourquoi Heidegger (chez qui l'inquiétude religieuse a toujours été présente) ne l'a jamais pleinement assumée. En effet, l'idée propre à Démocrite d'un tourbillon d'atomes qui, en s'agrégeant et en se désagrégeant, produisent puis détruisent toute chose, éternellement et sans raison, provient directement de la notion d'*apeiron* chez Anaximandre, qui dérive elle-même, de celle de Chaos dans le mythe. C'est pourquoi, pour un poète épicurien de l'époque romaine comme Horace, l'inspiration mythologique et l'influence matérialiste ne se contredisent absolument pas mais se complètent et s'accordent bien plutôt. Il faut comprendre, en effet, que la mythologie n'a aucun rapport avec ce qui sera plus tard nommé religion, s'il est vrai que les dieux n'étaient que des personnifications poétiques des différents aspects de la *phusis*.

Dans cette présentation un peu particulière de la mythologie antique que sont *Les Métamorphoses* d'Ovide il est dit que le Chaos originel, sur la base duquel le cosmos s'est déployé, n'est rien d'autre qu'« une masse informe et confuse… un entassement d'éléments mal unis et discordants »[9]. Il s'agit de l'idée fondamentale (contre laquelle s'est dressée toute la pensée ultérieure) selon laquelle il est au fond des choses des composants matériels irréductibles, qui ne peuvent que résister à l'explication, car ils sont hétérogènes « discordants », et confus : ils résistent à l'identification. Ce fond matériel chaotique est donc inexplicable non pas parce qu'il aurait un sens caché, mais parce qu'il est totalement dépourvu de sens et d'identité fixe. La pensée, à laquelle il résiste, ne peut que le laisser hors d'elle-même (cette matière n'est ainsi rien d'étant, mais de l'« être » indéterminé). Or, cette idée propre au mythe, d'un fond informe et hétérogène, irréductible et inexplicable, toujours déjà là, d'où provient et à quoi retourne toute chose, qui exclut toute idée de création, est à la base du matérialisme antique qui, cependant, il faut le préciser, en sera le complet dévoiement.

---

9. Ovide, *Les Métamorphoses*, Paris, Folio Gallimard, 1992 (I, 20-48), p. 42.

En effet, le matérialisme prétendra rendre la nature explicable (ce qui le met en accord avec toute la tradition depuis Platon), alors que la conséquence de cette doctrine bien comprise est, au contraire, que celle-ci est, en son essence, inexplicable et irréductible à la pensée (car hétérogène en son fond) qui ne peut que la *dévoiler* à travers les sens, la laisser être « là ou elle est », en sa présence englobante et incommensurable. La présence du monde, ainsi que la particularité insigne des êtres qui le constituent sont, fondamentalement, inexplicables : on peut expliquer, certes, *comment* cela fonctionne – c'est le travail de la science - mais en aucun cas *pourquoi* cela existe. Pour employer le vocabulaire de Nietzsche dans *La Naissance de la tragédie*, on pourrait dire que, si le monde est bien apollinien en surface, c'est-à-dire constitué par des choses distinctes et organisées, il est cependant dionysiaque en profondeur, c'est-à-dire hétérogène et informe, de sorte que l'ordre qui le constitue (et qu'exhibe à sa manière la science) est produit par un désordre matériel fondamental. Or, toute la tradition philosophique depuis Platon s'oppose à cela et la science qui en est issue prétend donc illusoirement pouvoir expliquer le « pourquoi », c'est-à-dire apporter une explication totale.

C'est pour cette raison que, comme le dira Heidegger dans un texte célèbre, à partir de Platon la pensée n'a plus jamais laissé l'arbre en fleur, qui se montre dans le pré, « être debout là où il est », mais elle y voit le simple effet d'un modèle intelligible (qui est aujourd'hui compris comme une structure mathématique). Or, la vérité originelle concernant l'arbre en fleur, celle qui en révèle la raison d'être et l'essence profonde, est cependant bel et bien sa simple présence à découvert se déployant sans raison, telle qu'elle est dévoilée par les mots à travers les sens. Voici, en effet, ce qu'écrit Heidegger dans ce texte essentiel dont nous ne présentons ici que des extraits :

« Nous nous tenons à l'extérieur de la science. Nous nous tenons en revanche devant, par exemple, un arbre en fleur – et l'arbre se tient devant nous. Il se présente à nous… Placés dans un rapport de l'un à l'autre, de l'un devant l'autre, nous *sommes*, l'arbre et nous. Dans cette présentation il ne s'agit pas de « représentations » qui voltigent dans notre tête. Arrêtons-nous un moment, comme si nous prenions haleine avant ou après un saut. Nous *sommes* déjà en effet *après* le saut hors du domaine habituel des sciences, et même… de la philosophie. Et où avons-nous sauté ? (…). Sur *un* sol ? Non. Mais sur *le* sol, sur lequel nous vivons et mourrons (…).Il ne suffit pas que – seulement pour les moments qui ne sont pas, pour ainsi dire, ceux du contrôle scientifique – nous avouions que nous nous trouvons bien entendu en face d'un arbre en fleur, pour assurer l'instant d'après sur le même ton d'évidence que cette opinion-là est seulement une opinion naïve, parce qu'elle dénote une conception préscientifique des objets. Avec cette belle assurance, nous avons en effet accordé quelque chose dont nous remarquons à peine la portée, savoir, que ce sont à proprement parler les sciences en question qui décident ce qui dans l'arbre en fleur devrait passer pour réalité et ce qui ne le devrait pas (…). Lorsque nous pensons à ce que c'est qu'un arbre qui se présente à nous, de sorte que nous pouvons nous placer dans le face-à-face avec lui, alors il s'agit enfin de ne pas laisser tomber cet arbre, mais tout d'abord de le laisser être debout, là où il est debout. Pour quelle raison disons-nous « enfin » ? Parce que la pensée jusqu'ici ne l'a encore jamais laissé être debout là où il est »[10].

L'arbre est en effet toujours, à chaque fois, « cet arbre-ci », avec sa forme particulière et irréductible. Il constitue une présence matérielle singulière et irréductible à son

10. Martin Heidegger, *Qu'Appelle-t-on penser ?*, Paris, Presses Universitaires de France, 1973, p. 42-45.

essence universelle telle que l'exhibe le botaniste. La vérité originelle, que les Grecs désignaient par le mot *aletheia* (non-occultation), est donc dans le sensible, dans le *dévoilement*, à même les sens, de la simple présence d'un monde, qui est irréductible à toute explication : qui ne fait qu'être, qu'être présent pour rien en son hétérogénéité foncière. Une telle ouverture ontologique originelle, par le langage et à travers les sens, à l'être des choses, en leur particularité insigne, comme pure existence hétérogène, pour laquelle être et apparaître ne faisaient qu'un, s'enracine dans l'étonnement et plus profondément encore dans l'angoisse, car elle ne fait qu'un avec l'expérience de la finitude. Chaque chose étant d'une particularité unique et vouée à naître et à périr, est donc minée par le néant. Seul le fond matériel informe, inapprochable et ne pouvant être que pressenti, est éternel. Un tel pressentiment de la plénitude dans le sensible, et à travers la finitude, avait pour nom Pan dans l'Antiquité classique. C'est à cause de son caractère tragique (et non religieux) que cette pensée, bien qu'étant radicale à l'homme, a été le plus souvent reniée.

Il s'agit donc pour Heidegger de regagner le sens originel de l'ontologie en pensant l'être au sens de l'essence (et du fondement), à partir du verbe être, c'est-à-dire comme pure existence. C'est l'existence informe qui « essencifie » en elle-même, qui déploie en elle-même des choses organisées avant de les reprendre. C'est donc le fond informe de l'étant qui déploie l'ordre du monde, lequel, comme nous le verrons, doit être compris comme un jeu de contrastes. Or, il est remarquable de constater que cette pensée de l'être, comme pure existence se déployant d'elle-même (au lieu de se déduire, au contraire, d'une essence), se trouve clairement exprimée dans le roman de Sartre *La Nausée*, qui a été écrit sous l'influence directe des premières traductions de Heidegger en français. Il faut, en effet, lire et relire les pages concernant l'expérience de Roquentin, qui a la révélation du caractère irréductible – « absolu » - de l'existence, dans un jardin public face à une racine de marronnier tordue, prise en vue en sa présence et en sa dimension informe « en deçà de toute explication »[11].

Mais Sartre n'a jamais mesuré, ni même soupçonné, la portée considérable de ce qu'il touche pourtant du doigt dans la pensée de Heidegger. En effet, pensant ainsi l'être comme pure existence, Heidegger accomplit pleinement la philosophie : depuis toujours la philosophie s'enracine dans un étonnement devant « ce qui est en tant qu'il est » (Aristote)[12]. Elle s'accomplirait si elle comprenait cet étonnement comme étant indépassable et donc comme une simple invitation à creuser une précompréhension de l'être dans laquelle l'homme se tient déjà. Voici alors, en sa redoutable simplicité, ce qu'a voulu dire finalement Heidegger pour qui tout tient finalement au *mot être*.

Le mot « être », qui porte la langue, est le vecteur d'une « illumination », d'une véritable *révélation*, qui se tient habituellement en retrait dans la vie quotidienne, mais qui constitue, en réalité, le propre de l'homme : l'homme est cet animal très particulier qui se tient secrètement dans « l'illumination » de la révélation de l'être, c'est-à-dire de l'existence des choses hors de lui se donnant dans la perception et au beau milieu desquelles il se trouve jeté. Or, le sens commun va inévitablement objecter que cette révélation est bien peu de choses, car l'existence (le fait que les choses « soient ») est la vérité la plus pauvre les concernant : ce qui est intéressant à partir de là, c'est plutôt de savoir *ce* qu'elles sont, leur essence, leur définition (et que découvrent les sciences). Or, il faut

---

11. Jean-Paul Sartre, *La Nausée,* Paris, Gallimard, 2004, p. 180-192.
12. Aristote, *Métaphysique*, Livre Gamma, 1003, a, 20-25.

comprendre que l'être, le *verbe être*, ne dit pas seulement *que* les choses sont, mais simultanément *ce* qu'elles sont au plus profond. Il dit que les choses, au beau milieu desquelles nous nous trouvons, n'ont pas d'autre sens qu'exister sans raison et pour rien (qu'apparaître), qu'elles proviennent d'un gisement de présence informe - qui n'est rien de distinct mais de l'« être » indéterminé (une matière hétérogène), de sorte qu'elles comportent une part d'irrationalité - et qu'elles ont pour vocation de retourner s'y perdre.

C'est pourquoi la compréhension de l'être enveloppe, pour nous, une expérience de la finitude radicale de tout ce qui est (dont nous participons) et donc une anticipation de la mort : un étant qui comprend l'être, par lequel il est englobé, est un étant qui se sait mortel. Le mot être véhicule ainsi un dévoilement du monde, un *renvoi* à sa présence (à sa « position ») à travers les sens, à travers la *perception*, non seulement au sens où il en révèle l'existence, mais aussi au sens où il en dévoile l'essence.

Par le verbe être nous sommes ainsi dans la révélation de la vérité originelle : l'homme est cet animal particulier qui se tient dans la révélation d'une vérité originelle, laquelle est un dévoilement (*Aletheia*, *Unverborgenheit*). C'est *contre* cette vérité habituellement cachée (la présence sans raison d'un monde matériel hétérogène dans lequel, éternellement, les choses se produisent et se détruisent) que se dressent vigoureusement les religions, la métaphysique traditionnelle et, bien entendue, la science (qui en est issue). Or, cette vérité, qui semble effrayante et même désespérée, est en réalité le véhicule d'un profond bonheur : nous participons, mais dans une distance essentielle, de l'éternité de la nature, de la plénitude matérielle qui la constitue. Et cette éternité, nous la ressentons à certains moments où nous avons le sentiment de nous fondre dans le tout. C'est, disions-nous plus haut, ce que personnifiait Pan dans l'Antiquité.

Le mot *révélation* (retirer un voile), qui est employé dans le domaine religieux, pour désigner cette illumination par laquelle des vérités jusque là cachées nous apparaissent soudain, doit être appliqué à l'ouverture de l'homme à l'être, comme « *renvoi* » à la présence même des choses « posées » dans le monde hors de nous (dans *la Nausée* il est question de l'« illumination » de Roquentin). Alors que l'animal ne s'ouvre aux choses que comme utiles ou nuisibles, alors qu'aucune faculté ne lui permet de prêter attention au simple fait de leur existence, il y a au contraire, au fond de l'homme une révélation de cette existence, qui est fondamentale et constitutive, mais cependant dissimulée et même *déniée* par la plupart des civilisations. Philosopher radicalement c'est retrouver cela, cet étonnement, habituellement caché, devant l'existence, devant l'*on e on,* qui porte et détermine l'ensemble des comportements humains. C'est en ce sens qu'Heidegger exhibe l'impensé de toute la philosophie depuis Platon, en renouant avec ces philosophes-poètes qu'étaient les Présocratiques.

D'après Heidegger, compris jusqu'à son impensé, les Grecs pré-platoniciens avaient donc regagné une ouverture ontologique au monde comme pure existence, propre à l'homme, universelle, mais généralement recouverte et déniée. Bien qu'il le dénie et le recouvre sans cesse d'illusions religieuses (puis rationalistes), l'homme, compris comme *Dasein* se tient, en effet, au fond de lui-même, dans la vérité originelle en s'ouvrant à travers les sens - et grâce au pouvoir de nomination des mots qui dévoilent les choses en leur présence - à la présence englobante, insondable, matérielle et indisponible de la *phusis*, qui épuise son sens à se déployer pour rien. C'est pourquoi la vérité scientifique, issue de la métaphysique ultérieure et qui prétend réduire le réel au calcul, apparaît comme dérivée et donc toujours insuffisante, relative. Or, pour Héraclite, ce règne de la présence du monde se déploie toujours comme jeu spatio-temporel de contrastes, et comme unité des tensions antagonistes : tel est le sens de l'alternance du jour et de la nuit, ainsi que de celle des saisons, entraînant l'alternance de l'épanouissement et du repli dans le monde végétal, tout cela dans le cadre de l'ouverture de ces contrastes que sont le ciel et la terre.

Cela provient du fait que la *phusis* éclot en permanence, tout en rentrant en elle-même, sur la base d'une contradiction qui déchire cet inextricable enchevêtrement (*apeiron*) qu'est son propre fond chaotique, entre une puissance productrice et une tendance à tout reprendre en soi. Elle se déploie donc de telle manière qu'elle « creuse des écarts, des espacements et des dislocations »[13], ce qui crée un départage originel par lequel elle « laisse être » l'étant, de telle sorte que, comme nous l'avons déjà suggéré, viennent en présence pour un temps, *apparaissent*, à partir de leurs limites propres, des choses à chaque fois uniques et particulières (irréductibles à l'explication).

S'ouvrir à la phénoménalité de l'étant implique donc une attention particulière à la singularité unique des choses et des personnes, laquelle est plus « vraie » et originelle que cet arrière monde de lois universelles auquel la science prétend réduire la nature. C'est pourquoi c'est à l'art, et en particulier à la poésie, qu'il revient d'ouvrir l'homme à la *phusis*. Et c'est cette ouverture à la *phusis*, englobante et incommensurable - à partir d'une anticipation imaginative de son fond chaotique et béant – qu'exhibaient aussi bien le mythe que la philosophie

---

13. Martin Heidegger, *Grammaire et étymologie du mot « être »*, *Introduction à la métaphysique* (*Chap. II)*, Traduction Pascal David, Paris, Le Seuil, 2005, p. 43.

originelle, qui n'avaient pas encore rompus avec la poésie. Or, c'est cette ouverture que la métaphysique traditionnelle (dont le règne de la techno-science est issu) a franchie d'un saut, a oubliée et déniée.

A travers leur méditation de la *phusis* et de l'*aletheia* comme dévoilement de celle-ci, les Grecs pré-platoniciens ont donc tout simplement exhibé l'essence originelle et universelle de l'homme comme *Dasein*, qui est le plus souvent recouverte. Ils ont, en effet, exhibé, disions-nous, le sens du verbe être, du « est » qui porte toute langue de manière inapparente et qui fait de l'homme (le plus souvent sans qu'il y prête attention), un « être-dans-le-monde » d'abord ouvert à la simple présence ou existence des choses. Comme le dira Jean Beaufret commentant Heidegger, les Grecs ont mis au jour ceci, que nous franchissons toujours d'un saut, à savoir que « plus originelle que toute *antériorité* est que déjà l'étant nous fait face de partout à partir de lui-même et ainsi *apparaît*, qu'il s'agisse des choses les plus proches ou de ce qui s'en éloigne à perte de vue dans l'ampleur ouverte d'un paysage »[14]. Ils ont donc exhibé cette ouverture originelle de l'homme, portée par la langue, au règne incommensurable et englobant de la présence, dans lequel tout est voué à la génération et à la corruption, qui se déploie à partir et en direction d'un fond informe et au sein duquel il lui revient d'habiter. Et il va de soi, sur une telle base, que la *techné* (la technique), éclairée par le dévoilement de la *phusis* englobante, ne pouvait être, pour les Grecs, autre chose qu'une manière d'aménager le séjour de l'homme au sein de la nature (et non pas une entreprise illusoire de domination). Or, c'est dans la tragédie grecque que les fondements de cette essence originelle de l'homme comme *Da-sein*, qui implique qu'il

---

14. Jean Beaufret, *Dialogue avec Heidegger II*, Paris, Minuit, 1977, p. 100.

soit fondamentalement ouvert à sa propre finitude radicale de mortel, ont été exhibés.

La tragédie grecque dont le sens est élucidé dans *Introduction à la métaphysique*[15], ne montre en effet, aux yeux de Heidegger, que le versant négatif d'une expérience culturelle universelle et fondamentale, dont le sens abouti est, non seulement positif, mais structurant et même constitutif pour l'être de l'homme comme *Dasein*. La tragédie, qui met en scène des personnages mythologiques renvoyant à une époque immémoriale, exhibe, en quelque sorte, les fondements culturels du *Dasein*, ou encore ce que l'homme a dû « traverser » pour devenir humain, c'est-à-dire pour devenir le *Da-sein* qu'il est. Bien comprise, elle montre en effet comment l'homme, dont l'*hubris vitale* originelle, par laquelle il prétendait s'identifier à l'être et le maîtriser, s'est brisée sur l'ordre du *cosmos* (en se confrontant à la *possibilité* de la mort), a dû intégrer en lui la *diké*, l'ordre de la *phusis*, de manière à assumer sa finitude de mortel inséré dans l'ordre inorganique du monde, en renonçant donc à son identification à l'être. Et il faut comprendre alors que cette intégration dans l'ordre cosmique, s'est réalisée dans et par l'intégration dans la communauté d'un peuple dont les règles et les interdits coutumiers, portés par la langue, sont la reprise de cet ordre de la *phusis*, de cette *diké*. Il faudrait en venir à mesurer alors, mais il ne nous appartient pas de développer ce point ici, que l'ordre social démocratique grec (athénien), comme unité des tensions antagonistes entre individus libres affirmant leurs particularités irréductibles et rivalisant pour la « renommée »

15. Martin Heidegger, *Introduction à la métaphysique*, Paris, Gallimard, p. 152 à 182.

(*Gerhüm*)[16], était la reprise de l'ordre des contrastes de la *phusis*.

Toutefois, à travers cette insertion de l'homme assumant sa finitude dans un tel ordre des contrastes, son identification à l'être n'a cependant pas totalement disparu, mais son sens premier s'est *inversé* et elle est devenue une dimension *latente* du *Dasein*. Sous l'effet des interdits culturels, cette identification est devenue pour le *Dasein*, tout en prenant maintenant le sens d'une « dissolution » totale en l'être dans la mort (et non plus d'une prétention à le maîtriser), une dimension retirée, inaccessible, cachée ou encore inconsciente de lui-même. Mais, en étant ainsi « interdite », et donc rejetée dans la latence, dans le tréfonds dérobé du *Dasein*, cette identification a été par là même projetée, anticipée – par un travail inconscient de l'imagination transcendantale - comme fond informe de l'étant. La tragédie montre donc comment l'homme, dans le même mouvement où il en vient à assumer sa finitude de mortel inséré dans l'ordre de contrastes de la *phusis*, anticipe de manière *inconsciente*, par l'imagination et à travers sa mort, dans une distance essentielle, sa propre confusion avec le fond informe de celle-ci (sa dissolution en lui), laquelle est bien un aspect permanent de son être, s'il est vrai que nous ne sommes pas seulement individués, mais aussi confondus dans l'immanence du monde, ce que nous ne rejoindrons pleinement que dans la mort (comme retour à ce dont nous provenons par la naissance).

C'est de cette manière que l'homme s'ouvre *a priori* à l'être par l'imagination, comme ce fond informe dérobé de la *phusis* qui le tient implicitement sous son « regard » à distance, lui faisant pressentir une plénitude, laquelle

---

16. Martin Heidegger, *Introduction à la métaphysique*, p. 111-112. *Einführung in die Metaphysik*, G.A. 40, p. 110. *Cf.* aussi le *Séminaire de Zähringen*, in *Questions III et IV*, p. 479-480.

demeure totalement inaccessible. Or, c'est à partir de ce point de vue « excentrique » et inapprochable de l'être qu'il devient *Da-sein* (qu'il acquiert l'usage du verbe « être ») et qu'il se tient alors ouvert à la présence englobante du monde phénoménal dont il participe, comme ce qui se déploie sans raison et pour rien en des formes toujours particulières et renouvelées, à partir de ce fond informe retiré de la *phusis*. L'homme n'est donc pas seulement ouvert à lui-même en sa finitude radicale de mortel, mais il laisse simultanément l'étant en totalité faire encontre comme cette présence sans fond au beau milieu de laquelle il est jeté. Tel est le sens complet de la « *Grundverfassung* » du *Dasein* comme « être-dans-le-monde ». Ce « laisser faire encontre », ce *Begegnenlassen* ou encore ce dévoilement, de la présence englobante du monde en sa plénitude et comme ce qui est là pour rien, est le sens originel du *logos*, de la pensée (alors qu'elle ne se distinguait pas encore du *mythos*), qui déploie la vérité originelle comme *aletheia*.

Et il ne faut pas perdre de vue que ce « laisser faire encontre » qui caractérise le *Dasein* est porté par la compréhension du sens du *mot être* qui soutient entièrement la langue. En effet, il nous faut y revenir, le mot « être » ne permet pas seulement de *penser* le règne de la simple présence d'un monde, informe et irreprésentable en son fond, mais il est structurellement porteur d'un *renvoi* à cela : il *dévoile* ce gisement de présence irréductible à l'explication - d'où se déploie un pur *surgissement* de choses particulières - qui nous englobe, en son altérité comme telle.

Ainsi que Kant l'avait vu à sa manière le mot *être* vise la simple présence du réel lui-même, c'est-à-dire s'y réfère, la révèle originellement, comme ce qui ne peut être représenté, expliqué, mais qui *apparaît* - telle est sa

« vérité » - en sa « position » irréductible, hors du discours dans la perception[17]. Or, cela signifie que le règne contemporain de la technique, préparé par la métaphysique, qui demeure une manière d'être du *Dasein*, une forme d'ouverture à l'existence - mais sur le mode de l'extrême déni de celle-ci - devra lui aussi être compris comme un type très particulier d'ouverture à « l'être posé » des choses hors de nous. La technique moderne ne peut donc pas, ainsi que nous l'établirons, être comprise comme une « attaque » contre le réel et une pure et simple réduction de celui-ci à la disponibilité totale, mais bien comme un mode de *dévoilement* de celui-ci.

Ainsi que nous allons l'établir, c'est avec Platon que, pour la première fois, va se mettre en place un déni radical de la finitude humaine, lequel ne fait qu'un avec un déni de la vérité originelle comme dévoilement de la *phusis* englobante. Le monde sensible va alors être dévoilé comme réductible à l'intelligibilité, car constitué par un ensemble de copies fugitives entièrement fondées et produites par un modèle rationnel éternel (le monde des Idées) accessible à la pensée humaine devenue la Raison. L'homme, comme être désormais rationnel (et doté d'une âme immortelle) va alors, déniant sa finitude, commencer à se soulever et à s'articuler à une place centrale au sein de l'étant sans être encore, cependant, lui-même le centre, car cela ne sera véritablement acquis que dans la métaphysique de l'idéalisme allemand. Il faut comprendre, en effet, que l'ontologie métaphysique est déjà tout entière présente chez Platon - de sorte que toute philosophie ultérieure est platonisme - mais que, toutefois, c'est seulement avec Hegel que celle-ci sera pleinement déployée.

---

17. Emmanuel Kant, *L'Unique fondement possible d'une démonstration de l'existence de Dieu*, in *Pensées successives sur la théodicée et la religion*, Paris, Vrin, 1972, p. 81.

C'est donc seulement avec la philosophie hégélienne, qui porte la métaphysique à son achèvement, que l'identification de la Raison humaine et de la structure intelligible éternelle qui fonde tout ce qui est (de la Raison divine), sera réalisée. A ce moment-là, l'homme comme animal rationnel accèdera au centre et au fondement de l'étant. Cette réduction du monde à l'intelligibilité, qui est cependant un mode de *dévoilement* de sa présence, est donc - comme nous allons le voir maintenant plus en détail et dans toute sa complexité - la caractéristique propre de la métaphysique traditionnelle. Or, selon Heidegger, celle-ci exhibe le présupposé ontologique (habituellement implicite) qui commandera l'ensemble des comportements de l'homme occidental à l'égard de l'étant, et fondera ainsi notre histoire en tant qu'elle débouche sur le règne contemporain du dévoilement de l'étant dans et par l'arraisonnement technique. La métaphysique met au jour, en effet, la manière dont l'homme occidental comprend l'être *a priori*, de manière le plus souvent implicite. Elle exhibe donc le présupposé ontologique caché, qui commande la manière dont l'étant va se dévoiler à l'homme occidental, lequel présupposé va à son tour commander le comportement de celui-ci à son égard. Dans la mesure où cette métaphysique représente la mise en place de la Raison en son sens fondamentalement ontologique, la pensée de Heidegger enveloppe, bel et bien, une réflexion radicale sur la Raison, en son origine philosophique, et une critique de celle-ci. Toutefois, elle ne le fait pas au nom d'un irrationalisme, mais d'un retour au sens originel du *Logos*, qui ne faisait qu'un avec le *Mythos*.

Deuxième partie

La métaphysique comme fondement et anticipation du règne planétaire de la Raison

La thèse fondamentale de Heidegger est que la métaphysique traditionnelle, pour être bien comprise, doit être considérée *en son tout*. Cela signifie qu'elle doit être prise en vue comme cette ontologie rationaliste qui s'accomplit peu à peu de Platon à Hegel, tandis que, nous le verrons, son renversement chez Nietzsche ne fait qu'en révéler le soubassement caché. Or, cette métaphysique n'exhibe rien d'autre que le présupposé ontologique qui va commander l'histoire occidentale, qui va fonder le *Da-sein* occidental, et conduire au règne planétaire de la technique qui se met en place aujourd'hui. C'est pourquoi il écrit dans son livre sur Nietzsche ces phrases fondamentales :

« La métaphysique détermine l'histoire de l'ère universelle de l'Occident. La métaphysique porte et dirige à tous égards l'humanité occidentale dans tous ses rapports à l'étant »[18].

Cela signifie, tout d'abord, que la métaphysique traditionnelle exhibe le mode spécifique du dévoilement de l'existence (de l'*on e on*), qui va commander entièrement la manière occidentale d'être au monde. Cela veut dire alors que c'est cette métaphysique, et elle seule, en tant qu'elle va être le lieu même de la mise en place de la Raison en son essence ontologique, qui va nous permettre de comprendre l'essence même du monde moderne, ce que nous allons essayer de faire apparaître maintenant. La métaphysique traditionnelle, à partir de Platon et d'Aristote, se caractérise donc par le déni de cette ouverture primaire de l'homme à l'être comme *phusis*, déployant l'étant en sa profusion englobante, lequel se montrait comme règne des phénomènes, comme

18. Martin Heidegger, *Nietzsche*, T.II, Paris, Gallimard, 1980, p. 275.

monde sensible se suffisant à lui-même, bien que se déployant sans raison. Ce déni, par lequel la consistance et l'autonomie du monde sensible seront contestées, doit être compris en même temps – et fondamentalement - comme un déni de la finitude et, comme nous le verrons plus loin, comme un rejet du tragique qui implique secrètement le retour à un niveau supérieur de l'*hubris* vitale refoulée. La tragédie grecque exhibe, nous l'avons vu, le rejet, le « refoulement », ou encore la négation de l'*hubris* vitale originelle de l'homme (par laquelle il prétendait spontanément s'identifier activement à l'être), qui l'ouvre à son habitation de mortel au sein de la *phusis* dont le fond est inorganique et informe. Or, avec la métaphysique, c'est-à-dire avec la mise en place du règne de la Raison, c'est de la négation de cette négation qu'il s'agit. Nous allons voir cependant que cela va s'accomplir en plusieurs étapes.

Ce qui se met en place chez Platon, pour la première fois, est donc la précession des *essences* immuables sur *l'existence*, c'est-à-dire la précession d'une structure rationnelle intelligible éternelle, sur le réel empirique fugitif qu'elle va produire. Cette précession se manifeste donc avec le monde intelligible des Idées - qui est surplombé par l'Un, comme cela est précisé par le *Parménide* et le *Sophiste* suivant lesquels la multiplicité des Idées doit être reconduite à l'Un, par le biais d'une hiérarchie des genres subsumés les uns sous les autres. Et il faut comprendre que ce monde intelligible sert de modèle pour les copies sensibles. Or, cette métaphysique, de Platon et Aristote jusqu'à Thomas d'Aquin qui opère à sa manière la synthèse de la philosophie grecque (en particulier d'Aristote) et du christianisme, s'orientera vers une théologie selon laquelle l'ensemble de ce qui existe a été produit par un modèle intelligible, constitué par de pures essences, qui ont été pensées à l'avance dans l'entendement de Dieu, lequel est *causa sui* et pure pensée se pensant, pure identité spirituelle. Le monde sensible n'est pas nié, mais il est alors conçu, en effet, comme un monde créé par un modèle intelligible rationnel, ce qui signifie qu'il est de rang second, qu'il est constitué par de simples copies, par des réalités qui ne sont que la pâle imitation de leur modèle.

C'est pourquoi pour Platon le monde que nous voyons autour de nous est comparable à des ombres fugitives projetées sur la paroi d'une caverne. Ce qui était autrefois la *phusis*, la nature englobant toutes choses et régnant souverainement en s'auto-déployant, est maintenant considéré comme une réalité *subordonnée* à un modèle intelligible, dépendante de celui-ci, dont elle n'est que le reflet, multiple et reproductible. En même temps, l'homme va entretenir un rapport privilégié, par le biais de sa pensée devenue maintenant la Raison (devenue conceptuelle), avec Dieu comme substance éternelle intelligible, ayant pensé à l'avance, prémédité rationnellement, les essences des choses. C'est pourquoi, si l'homme a ainsi conçu, à partir de Platon, l'être de l'étant en sa transcendance comme une réalité intelligible et rationnelle fondant toute chose, c'est parce qu'il désirait secrètement le rendre accessible à sa propre pensée, à sa Raison, et s'identifier finalement à lui. C'est cette identification progressive qui va commander l'histoire de la métaphysique en son évolution. Et c'est dans la métaphysique des Modernes qu'elle se réalisera.

Cette identification de la Raison humaine et de la Raison divine fondant toute chose ne se réalisera certes pas encore chez Descartes, mais déjà, chez lui, le *cogito* va être le point de départ de la démarche métaphysique, le fondement inébranlable de celle-ci (tandis que le sens ontologique des mathématiques sera entrevu, comme nous l'établirons plus loin). Cette identification, on le sait, ne s'accomplira totalement que chez Hegel, qui prétendra ainsi - dans certaines limites à juste titre - achever la métaphysique, dans une métaphysique de la subjectivité. C'est seulement chez Hegel que ce qui a été pensé pour la première fois chez Platon est pleinement déployé et en vient ainsi à prendre la plénitude de son sens. Avec Hegel la Raison humaine, centrée sur la présence à soi du *cogito*, accède, en effet, pleinement à son identification au *logos* divin éternel qui a fondé toute chose et qui vient, en effet, se reconnaître en elle. Ainsi, l'homme comme être rationnel, comme *subjectivité* présente à elle-même (comme « substance-sujet »), va concevoir le monde comme un simple ob-jet, reflet de lui-même et sous sa dépendance comme s'il était produit par lui, ayant alors pour vocation d'être entièrement explicable et disponible (car structuré par les catégories de la *Logique* et donc entièrement constitué par des lois rationnelles).

Le point important est ici que, depuis l'origine, la métaphysique, nous y reviendrons plus loin, a une conception « fabricatrice » de la Raison (divine, puis humaine) : elle produit le réel par et pour elle. La structure rationnelle, à laquelle est ordonné le réel est, en effet, d'essence fabricatrice, elle est de l'ordre de ce que Heidegger appelle la *Machenschaft* (fabrication)[19], ainsi que le montre déjà le démiurge du *Timée*, qui symbolise le pouvoir causal et organisateur des Idées. Cela signifie que lorsque la Raison humaine va finalement prendre la place de Dieu (ou s'identifier à celui-ci), elle va être elle-même conçue comme une faculté qui aura pour vocation fondamentale de produire le réel afin de le contrôler totalement et de s'y refléter, et non pas comme une simple

---

19. Martin Heidegger, *Beiträge zur Philosophie* (GA 65). Traduction française : François Fédier, *Apports à la philosophie*, Paris, Gallimard, 2013, § 61.

faculté de connaître, ainsi que nous le verrons plus loin. C'est ce que signifie le rapport Sujet-Objet, dans la métaphysique moderne de l'idéalisme allemand, à partir de Kant : le réel est réduit au statut d'objet produit par un sujet rationnel souverain et il n'a pas d'autre statut que d'être son propre reflet projeté Or, il nous faut apporter une précision supplémentaire, car il faut prendre en compte une troisième étape dans cette histoire de la métaphysique.

En effet, il va apparaître finalement - dans l'interprétation heideggérienne de l'histoire de la métaphysique - que la métaphysique hégélienne ne constitue pas à elle seule, la dernière étape de l'histoire de la métaphysique. La subjectivité rationnelle, mise au jour par Hegel, qui fonde toute réalité et qui se reconnait en l'homme, ne constitue pas, en effet, *à elle seule*, la substance qui fonde toute chose, mais elle se fonde elle-même sur la vie. Il va, en effet, s'avérer que la Raison n'est pas, en et par elle-même, le fondement de tout ce qui est, qu'elle n'est donc pas la manifestation d'un Esprit divin en l'homme, mais qu'elle est elle-même déployée *secrètement*, depuis l'origine de la métaphysique traditionnelle, par une *hubris* de la vie se manifestant en l'homme. Il y aura donc, après Hegel, encore une dernière étape représentée par Nietzsche qui, croyant renverser la métaphysique avec sa philosophie de la vie comme volonté de puissance s'affirmant en l'homme, n'a fait, selon Heidegger, qu'exhiber son soubassement profond, jusque là caché.

Toutefois, dans la lecture heideggérienne de l'histoire de la métaphysique, il faut bien comprendre le sens de cette dernière étape. En effet, Nietzsche, avec son ontologie de la vie (conçue comme substrat fondamental de l'étant), n'est pas vraiment interprété par Heidegger comme celui qui *dépasse* Hegel, mais plutôt comme celui qui exhibe les soubassements jusque là cachés de ce qui s'accomplit cependant bel et bien chez Hegel. Il faut donc comprendre que, d'une certaine manière, il le *complète* au lieu de le dépasser.

Ainsi, dans la conception heideggérienne de l'histoire de la métaphysique (qui, exposée dans son détail, est donc complexe et subtile) Hegel et Nietzsche constituent, curieusement, à la fin de l'histoire de la métaphysique, une sorte de *Janus bifrons* en lequel elle s'achève et s'accomplit, ainsi que l'a bien vu Christian Dubois[20]. C'est pourquoi, la mise en place de cette ontologie de la vie dans le monde contemporain ne conduit absolument pas à un dépassement ou à un rejet de la Raison (dont Hegel a exhibé le règne). Le rationalisme - qui, bien compris, est et ne peut être rien d'autre qu'un rationalisme absolu - n'est pas dépassé par là. En effet, la Raison va devenir *l'outil fondamental* de cette auto-affirmation absolue de la vie (à travers l'homme) au centre et au fondement de tout ce qui est. Dès l'origine la Raison, qui s'articule à un sens ontologique, à une prétention à fonder totalement et à produire toute réalité, fut secrètement, l'instrument essentiel de la vie en son *hubris*.

La Raison est ce dans et par quoi ce vivant qu'est l'homme va prétendre fonder et produire toutes choses, sur la base d'une calculabilité totale, de manière à les rendre maîtrisables. Or, cet effort pour produire et contrôler toutes choses, ce rassemblement (*Ge-*) de toutes les formes du « poser » (*stellen*), c'est-à-dire du « produire », en vue de placer sous contrôle l'étant dans son ensemble, est ce que Heidegger a nommé le *Gestell*, qu'on traduit par « arraisonnement » et qui constitue selon lui l'essence de

20. Christian Dubois, *Heidegger. Introduction à une lecture*, Paris, Le Seuil, 2000, p. 107.

la technique scientifique moderne[21]. C'est ainsi que le monde moderne, comme règne de la technique, est l'accomplissement même de la métaphysique. Or, une telle affirmation requiert une explication développée.

Dans le monde moderne, le règne de la Raison, préparé et annoncé par la métaphysique depuis Platon jusqu'à Hegel et dont Nietzsche a exhibé le soubassement jusque-là caché, va donc se réaliser, s'accomplir. L'achèvement de la métaphysique signifie, en effet, que l'ontologie rationnelle, qui fonde le *Dasein* moderne, est enfin pleinement mise en place, ce qui implique qu'elle va pouvoir être mise en œuvre dans les comportements concrets de celui-ci. Or, ce règne de la Raison va ainsi s'accomplir, nous l'avons vu, en se montrant maintenant explicitement comme étant au service de la vie générique de l'humanité. Toutefois, il faut apporter maintenant une nouvelle précision absolument décisive.

En effet, cette souveraineté de la Raison ne se manifestera pas, dans sa forme achevée et définitive, sous la forme hégélienne des « catégories » de la *Logique* (qui représentaient la préméditation rationnelle des essentialités sur la base desquelles le réel dans sa totalité serait produit et organisé). Elle prendra plutôt les traits d'un développement exceptionnel des sciences mathématisées, qui vont régner sans partage et qui postulent la possibilité de produire et de contrôler entièrement la réalité naturelle ou sociale au moyen du calcul. C'est donc sous forme *mathématique* que le rationalisme absolu annoncé par Hegel, en tant qu'il prétend résorber en lui le réel, va s'accomplir effectivement. Il est, en effet, *un sens métaphysique des mathématiques* dans le monde moderne - en lequel s'accomplit pleinement l'ontologie rationaliste

21. Martin Heidegger, *La Question de la technique*, in *Essais et conférences*, Paris, Gallimard, 1976, p. 27-28.

- dans la mesure où, depuis Galilée et Descartes, l'idée s'est imposée que les mathématiques n'étaient pas seulement une manière d'interpréter la réalité, mais qu'elles constituaient le tissu même de l'effectivité du réel, l'essence même de ce qui est. Car, c'est en postulant la possibilité de réduire toute réalité à une quantité mesurable, qu'on en fait quelque chose qui va être intégralement calculable, c'est-à-dire explicable. C'est pourquoi un philosophe contemporain comme Alain Badiou, qui prétend - à juste titre - s'inscrire pleinement dans la tradition philosophique rationaliste depuis Platon, peut légitimement affirmer ceci : « Les mathématiques sont tout simplement la science de l'être en tant qu'être, c'est-à-dire ce que les philosophes appellent classiquement l'ontologie »[22], de sorte que « la mathématique touche au réel »[23], en ce sens que « le formalisme mathématique pense « à l'avance » les formes possibles de tout ce qui est »[24]. Par de telles affirmations, Alain Badiou manifeste, nous semble-t-il, une compréhension très profonde du sens véritable (de l'orientation) de l'ontologie métaphysique telle qu'elle s'est déployée depuis Platon, dans une grande proximité, dès l'origine, avec les mathématiques.

Ce sens ontologique des mathématiques implique que la science moderne, par delà ses différentes branches, possède une unité profonde car elle exhibe, à chaque fois, un aspect de l'essence mathématique qui fonde et produit le réel. Les sciences, en dépit de leur diversité, développent donc, ainsi que Descartes l'avait anticipé dans les *Règles pour la direction de l'esprit* (en particulier dans la *Regula IV)*, une unique *Mathesis universalis*, une mathématique universelle, qui dévoile la structure de

---

22. Alain Badiou, *Eloge des mathématiques*, Paris, Flammarion, 2015, p. 74.
23. *Ibid.*, p. 76.
24. *Ibid.*, p. 77.

l'étant et permettra alors de le produire et de le contrôler. C'est pourquoi cette *mathesis*, devenue techno-science - ou encore science technicisée - va être l'instrument fondamental de l'*hubris* de la vie s'affirmant comme subjectivité, c'est-à-dire se plaçant au centre de tout ce qui est, réduit à un ensemble de matériaux productibles, explicables et disponibles.

Et voici alors le point important : comme Descartes l'a établi, si l'on parvient ainsi à penser une essence mathématique du réel, il va alors être possible de le concevoir définitivement comme transparent à la Raison, comme posé par et pour l'esprit centré sur le *cogito*, puisque les mathématiques, science de la quantité abstraite, sont, en même temps, une construction de l'esprit, dans laquelle la pensée se pense elle-même pensant ce qu'elle pense. En effet, tout ce qui est quantifiable est par là même mesurable, c'est-à-dire susceptible d'être reconduit à l'unité (ou à l'identité), de manière à être fondé finalement sur l'identité présente à elle-même de la pensée.

Et c'est bien ce que veut dire Descartes lorsqu'il affirme que le modèle de la vérité mathématique (l'évidence) est l'identité et la transparence à soi du *cogito*. Descartes a donc vu, le premier, que la métaphysique, comme mise en place de la Raison en son sens ontologique profond, devait s'accomplir en tant que *Mathesis universalis*. La métaphysique s'accomplissant pleinement comme *Mathesis*, ainsi que l'avait déjà décelé cet excellent lecteur aussi bien de Descartes que de Heidegger qu'était Gérard Granel[25], est donc le fondement du monde moderne rationnel et technicien. Cela signifie qu'il est une essence des mathématiques selon laquelle,

25. Gérard Granel, *L'Equivoque ontologique de la pensée kantienne*, Paris, Gallimard, 1970, p. 25.

elles ne permettent pas seulement de connaître les lois du réel, mais selon laquelle elles en constituent l'essence universelle même, de sorte qu'il a pour vocation de se montrer comme produit par et pour elles, c'est-à-dire par et pour l'homme comme animal rationnel. Si le règne des sciences, comme déploiement de cette *Mathesis*, est bien l'accomplissement de la métaphysique - qui depuis l'origine jusqu'à Hegel, pense la Raison (divine ou humaine), comme une faculté qui a pour vocation de fonder et de produire le réel - alors ce règne des sciences doit être celui de la prétention à produire et fonder entièrement le réel sur une calculabilité totale. En dépit de certaines formulations de Heidegger dans *La Question de la technique* (1953), qui sont peut-être malheureuses, la techno-science, si elle est bien l'accomplissement de la métaphysique, ne peut donc pas être conçue comme une « attaque » contre le réel, comme une « provocation » (*Herausfordern*) qui vise à le dompter et le maîtriser, mais bien plutôt comme une prétention de la calculabilité totale à le produire, à le résorber en elle, et ainsi à régner totalement sur lui.

Avec l'arraisonnement total il s'agit donc d'un déni de l'existence du monde empirique en son altérité : il s'agit de le *dévoiler* comme transparent à la pensée rationnelle car entièrement produit et contrôlé par elle, comme fond disponible (*Bestand*). Or, il y a là une difficulté qu'il nous faut éclaircir : comment, en effet, la Raison humaine peut-elle en venir ainsi à se concevoir comme n'étant pas une simple faculté de connaître, mais comme constituant un fondement ontologique, c'est-à-dire comme ayant pour vocation de *produire* le réel ? Et comment faut-il comprendre le sens d'une telle prétention ? C'est ce que nous allons essayer de montrer et de préciser maintenant.

Le sens métaphysique profond de la Raison humaine - telle qu'elle émerge à l'orée des Temps Modernes, comme une faculté qui, en dépit des apparences, n'est pas une simple faculté de connaître, mais qui prétend plutôt régner sur le réel et le résorber en elle - a été clairement exhibé par Hegel dans le chapitre V de la *Phénoménologie de l'esprit*. Voici, en effet, ce qu'il écrit au début de ce chapitre, dont nous ne retenons ici que les principaux extraits :

« La Raison, devenue assurée d'elle-même,... est certaine que toute réalité effective n'est rien d'autre qu'elle, elle se comporte donc à l'égard de cette réalité comme Idéalisme... C'est pour elle comme si le monde se présentait à elle pour la première fois... Elle découvre ce monde comme *son* nouveau monde... La Raison est la certitude de la conscience d'être toute réalité (...). Elle *s'intéresse* donc maintenant d'une façon universelle au monde parce qu'elle a la certitude d'avoir dans le monde sa propre présence, parce qu'elle est certaine que cette présence du monde est rationnelle... Elle prend universellement possession de cette propriété dont elle est assurée ; elle plante sur toutes les cimes et dans tous les abîmes le signe de sa souveraineté »[26].

Une telle conception de la Raison peut sembler, au premier abord, énigmatique, alors qu'elle touche en fait à ce qu'il ya de plus profond en elle. Pour comprendre cela il faut en premier lieu mesurer que, dans ce texte, Hegel définit l'essence de la Raison humaine telle qu'elle commence à se manifester à partir de la Renaissance. Par ailleurs, il faut comprendre que cet idéalisme fondamental de la Raison n'est pas pleinement assumé, mais demeure en partie *inconscient*. Ainsi que l'a établi Jean-François

26. Friedrich Hegel, *Phénoménologie de l'esprit*, Paris, Aubier, 1975, T. I, Chap. V, p. 196 et 204.

Marquet dans ses *Leçons sur la Phénoménologie de l'esprit*, Hegel a bien vu, en effet, à travers cette définition profonde de la Raison donnée au début du chapitre V de sa grande œuvre de 1807, qu'il y avait un « idéalisme inconscient » de l'homme moderne à partir de la Renaissance[27]. Cet idéalisme, habituellement inconscient de l'homme moderne, sera, on le verra plus loin, pleinement exhibé et proclamé pour la première fois par ce précurseur (ou fondateur) de l'idéalisme allemand culminant chez Hegel, qu'est Kant. Et c'est cet « idéalisme inconscient » qui va nous donner la clef permettant de comprendre l'essence de cette faculté.

En effet, le brillant commentateur de Hegel nous aide à comprendre que, si l'homme moderne semble reconnaître, d'un côté, que la réalité empirique est indépendante de nous, c'est pour assurer aussitôt après qu'elle est en fait « écrite en langue mathématique » selon le mot célèbre de Galilée, de sorte que la Raison s'y retrouve, peut en rendre compte de manière exhaustive, comme si elle l'avait produite elle-même. Ainsi, en apparence, l'homme moderne reconnaît l'indépendance de la réalité empirique et prétend que la Raison s'efforce uniquement de la connaître (de la représenter au moyen d'un modèle mathématique), alors qu'en fait, de manière inconsciente, il est persuadé au fond de lui-même que cette réalité n'est que le reflet de sa pensée, de sorte qu'elle a pour vocation de se montrer telle qu'elle est, c'est-à-dire comme produite par et pour elle.

Autrement dit, la Raison est cette faculté qui, persuadée secrètement de régner sur le réel produit par des lois mathématiques, a pour vocation de dissiper l'apparence de son indépendance en en prenant possession, en le

---

27. Jean-François Marquet, *Leçons sur la Phénoménologie de l'esprit de Hegel*, Paris, Ellipses, 2004, p. 132.

maîtrisant techniquement de manière à le dévoiler tel qu'il est effectivement. L'idéalisme inconscient de l'homme moderne implique donc, nécessairement, que la Raison ne s'accomplisse pleinement qu'en déployant une technologie à son service. Il implique, en effet, que les connaissances développées par la Raison aboutissent à une production technologique rationnelle du réel, de manière à le *dévoiler* alors comme produit par elle, dépendant d'elle. Cet idéalisme signifie donc ceci, que l'essence profonde de la Raison n'est pas seulement de connaître le réel, ni même de l'« attaquer », de l'affronter en cherchant à le dominer, mais plutôt de le remplacer tel qu'il se montre d'abord à nous (avec l'apparence de son indépendance), par une réalité produite par elle, de manière à le dévoiler alors tel qu'il est réellement (selon elle) en sa présence empirique (en son existence), à savoir comme ce en quoi elle va se réfléchir, comme ce qui n'est que *par* et *pour* elle. Mais il faut donc bien comprendre qu'il s'agit ainsi seulement, pour la Raison, de dissiper l'apparence première de l'indépendance du réel, de manière à faire « éclater la vérité » le concernant en le dévoilant tel qu'il est, en sa vocation propre. C'est pourquoi Hegel peut affirmer que « la Raison est la certitude d'être toute réalité », laquelle réalité n'en est, en effet selon elle, que le reflet.

Ce présupposé fondamental de la Raison se ramène finalement à cette idée dont elle tire toutes les conséquences : que le réel est (intégralement) rationnel. Ce statut du réel considéré comme totalement dépendant de la Raison, ou encore du sujet rationnel, qui n'y voit que son propre reflet, est, comme nous l'avons déjà dit, celui de *l'objet* dans la philosophie moderne à partir de Kant. Le réel, nous le verrons plus loin, est réduit au statut d'un objet (ce qui préfigure sa réduction à celui d'un simple « fond disponible » *Bestand*), c'est-à-dire d'une réalité que ne produit et ne s'op-pose le sujet que pour s'y réfléchir et affirmer sa domination totale sur lui. Quel est alors le statut de la « matière inorganique » dont l'objet est constitué ? Pour répondre à cette question il faut tout d'abord se souvenir que la Raison qui, nous venons de le voir, réduit toute chose au statut d'objet, est au service d'une affirmation inconditionnelle de la vie. Or, chez ce philosophe de la vie se reconnaissant en l'homme, qu'est Bergson, dont la pensée représente ainsi, à sa manière et après cet autre philosophe de la vie qu'est Nietzsche, l'aboutissement final de la tradition métaphysique, la matière brute est conçue comme une simple « retombée » de l'élan vital. Elle est, en effet, considérée comme un épuisement du dynamisme de l'élan vital, qui s'est détendu, s'est épuisé, s'est figé, devenant inertie, géométrie, nécessité. Or, cette matière inerte est cependant calculable - car elle est une simple « retombée » de la présence à soi dynamique de la vie, que la vie va pouvoir exploiter, tourner à son profit, qui est donc là par et pour elle. C'est pourquoi elle est aussi techniquement disponible pour la vie humaine ainsi que le montrent *Les deux sources de la morale et de la religion.* Cela expliquerait que Bergson ait pu écrire ceci : « le courant vital qui traverse la matière… en est sans doute la raison d'être »[28].

Il découle donc de ce que nous venons de dire que la technique moderne n'est que l'accomplissement de l'essence même de la Raison, comme cette science technicisée qui prétend *dévoiler* le réel empirique tel qu'il est en sa « position », en son existence apparemment indépendante, comme une réalité produite en fait par et

28. Henri Bergson, *Les Deux sources de la morale et de la religion*, Paris, Presses Universitaires de France, 1965, p. 273.

pour elle et ayant vocation à être utilisée et consommée. L'opération de la Raison peut ainsi être présentée en deux étapes : il s'agit d'abord, grâce à la connaissance des lois mathématiques qui régissent les énergies cachées de la nature, de tirer ces énergies de leur retraite et de les capter. Or, la captation rationnelle de ces énergies, qui revient à considérer la nature comme un simple matériau à exploiter et ainsi à la dévaster, va permettre, dans une deuxième étape décisive, de produire une réalité artificielle qui la recouvrira et qui sera, à la fois, totalement créée par la calculabilité et totalement disponible pour l'homme (consommable). Cette réalité nouvelle, qui est supposée dévoiler la vocation fondamentale de la réalité empirique, et qui est produite par la technologie la plus avancée axée sur le développement durable et les énergies renouvelables, peut être considérée, au sens large, comme une réalité de simulation (où s'abolit la différence entre le naturel et l'artefact). Ainsi en va-t-il des mondes virtuels, des images en trois dimensions, mais aussi des espaces naturels protégés.

On voit alors, que la technique industrielle dévastant la nature (qui a caractérisé le dix-neuvième et encore le vingtième siècle) ne constitue qu'une première étape de son développement, car elle devra faire place, *finalement*, à une techno-science utilisant les énergies renouvelables qui représente sa forme accomplie, dans la mesure où sa vocation est de *produire* le réel de manière à *régner* sur lui. Ainsi, à l'exploitation totale et dévastatrice de la nature, doit succéder la reconstitution de celle-ci comme « espace vert » ou réserve naturelle, scientifiquement contrôlée. Or, il faudra comprendre, en même temps, que la Raison ainsi définie est en fait, nous l'avons déjà suggéré, au service exclusif de la vie s'auto-affirmant et se prétendant au centre de tout ce qui est. La présence à soi sur laquelle se fonde la Raison (le *cogito*) renvoie, en effet, à celle de la vie, à son auto-affirmation.

Ce règne de la Raison (au service de la vie), qui est la clef permettant de comprendre le règne de la technique moderne, doit être considéré, selon Heidegger, comme celui du principe de raison suffisante, du *principium reddendae rationis*, qui a été énoncé pour la première fois par Leibniz mais dont le sens profond n'apparaît pleinement qu'à partir de Kant. La Raison exigera, en effet désormais, que la réalité empirique n'apparaisse plus que comme quelque chose qui est produit sur la base de ses raisons pensées à l'avance. Voici, en effet, ce que Heidegger écrit dans ce cours remarquable qu'est *Le Principe de raison* : « Dans le principe de raison parle cette prétention à décider de ce que veut dire « l'être d'un étant » (...). Cela qui s'offre à notre représentation et que nous rencontrons de telle sorte qu'il se trouve posé et fondé sur sa raison : cela seul est accepté comme une chose qui tient sûrement debout, c'est-à-dire comme objet. C'est seulement de ce qui tient ainsi debout que nous pouvons dire avec certitude : il *est*. Une chose n'« est » que dans la mesure où une représentation fondée s'en est assurée comme de son objet : aussi le *principium reddendae rationis* demeure-t-il le principe suprême, non seulement de la connaissance mais en même temps des objets de la connaissance »[29]. Or, c'est cela même qui se met en place à partir de la *Critique de la raison pure* de Kant.

Voici, en effet, ce qu'il ajoute plus loin : « La *Critique de la raison pure* recherche la raison suffisante des objets entendus comme objets de représentation pour un sujet conscient de lui-même. La question critique de la raison

29. Martin Heidegger, *Le Principe de raison*, Paris, Gallimard, 2005, p. 89.

suffisante des objets devient la question des conditions *a priori* de possibilités valables pour une représentation des objets dans l'expérience (...). Derrière la formule « conditions de possibilité *a priori* » se cache l'indication de la raison suffisante qui, en tant que *ratio* est la Raison pure... Pour Kant... l'objectité, qui fournit à l'objet la raison de sa possibilité, est l'*antecedens*... ce qui précède, l'*a priori.* La consistance de l'objet se définit par les conditions *a priori* de possibilité valables pour et par l'activité représentative. L'activité ainsi définie fournit la raison suffisante de la présence de la chose perçue en tant qu'objet »[30]. Or, cela signifie que la Raison, qui déploie en elle à l'avance les raisons suffisantes de la consistance des objets empiriques, va constituer et *produire* désormais ceux-ci face à elle, et de telle manière qu'ils vont alors apparaître, se montrer dans la perception, comme cela seul qui *est*. Le retrait ou encore le « déni » de l'être originel des choses, de la simple *existence* (sans raison) de celles-ci, que constitue leur réduction au statut d'objet produit par un Sujet rationnel, doit donc être compris comme un certain mode de manifestation, *d'apparaître*, de cette existence empirique, de « ce qui est en tant qu'il est ». Le retrait de l'être doit donc être compris comme un mode de dévoilement de celui-ci, qui prépare, fonde sur le plan ontologique, le déploiement de la techno-science moderne, et qui en exhibe alors du même coup le sens véritable.

Voici en effet ce qu'écrit Heidegger : « N'avons-nous pas observé [que]... quand domine le retrait de l'être... en même temps l'être qui se dérobe demeure précisément dans un mode du *paraître* ? Comment y demeure-t-il ? L'étant comme tel apparaît autrement, désormais il s'impose et s'offre à l'acte représentatif. L'étant apparaît comme objet et... entre en relation avec la subjectivité...

---

30. *Ibid.*, p.174 à 183.

Cette relation entre sujet et objet est désormais considérée comme le seul domaine où l'on puisse décider de l'étant sous le rapport de son être, en d'autres termes décider de l'être… Ainsi s'ouvre pour la première fois, le domaine où la fourniture des raisons de l'étant peut être organisée comme telle. C'est alors seulement que devient possible ce que nous appelons science moderne de la nature et technique contemporaine »[31]. C'est donc à partir de la Raison telle que Kant, le premier, l'a définie, que le sens du règne de la technique moderne peut être compris.

Toutefois, dans le monde moderne, nous l'avons vu, c'est dans et par le calcul mathématique, que les raisons de ce qui pourra ensuite apparaître comme réalité empirique, sont déployées à l'avance, de sorte que le réel doit maintenant être produit à partir de modèles mathématiques. C'est ainsi que le monde moderne est l'accomplissement de la métaphysique, c'est-à-dire un dévoilement du réel – naturel aussi bien que social comme nous le verrons - comme fondé en raison, comme produit par ses raisons « rendues à l'avance » et elles-mêmes auto-fondées (sur l'identité absolue du *cogito*). La réalité empirique n'apparaît plus alors que comme un ensemble de copies produites en séries à partir de modèles théoriques universels, elle est de plus en plus constituée par un monde de simulation, comme les ombres sur les parois d'une caverne. Le rationalisme accompli n'est rien d'autre, on le voit, que l'idéal d'un monde apparaissant comme fondé sur le principe de raison suffisante, lui-même rattaché au principe d'identité.

Hegel, expliquant qu'il achevait la métaphysique, écrivit ces phrases célèbres dans la Préface de la *Phénoménologie de l'esprit* : « La diversité des systèmes philosophiques est le développement progressif de la

31. *Ibid.*, p. 138-139.

vérité (…). La vraie figure dans laquelle la vérité existe ne peut être que le système scientifique de cette vérité… Ce but atteint elle pourra déposer son nom d'*amour du savoir* pour être savoir *effectivement réel.* C'est là ce que je me suis proposé »[32]. Or, chez Hegel, « le système scientifique de la vérité », c'est-à-dire le savoir absolu en lequel s'achève la métaphysique, est le savoir de Dieu en tant qu'il fonde le réel en totalité et auquel accède pleinement la Raison humaine. Le réel se fonde donc chez lui sur un système scientifique, sur une science totale. Et c'est la science moderne mathématique qui, croyant dépasser cette métaphysique et ses égarements, va l'accomplir en fait, dans la mesure où, en dépit de ses dénégations, elle exige en fait de régner sur le réel, de le produire et de le contrôler. Or, il va falloir maintenant montrer que la métaphysique qui fonde le monde moderne est bien le produit de l'*hubris* de la vie.

Cela va apparaître à partir d'une réflexion préalable sur l'essence même de cette métaphysique, sur ce qu'il y a de plus profond en elle. Or, pour comprendre l'essence accomplie de la métaphysique il faut, nous semble-t-il, nous tourner vers la métaphysique de l'idéalisme allemand en particulier celle de Hegel. Nous allons donc développer maintenant ce qui nous paraît être le sens profond de cette métaphysique, qui rattache toute réalité à une Raison divine suprême qu'elle nomme l'Absolu.

L'Absolu, dans la métaphysique de l'idéalisme allemand culminant chez Hegel où il se reconnaît en l'Esprit de l'homme centré sur le *cogito* - a pour essence originelle d'être *d'abord* réfléchi en lui-même, de sorte qu'il s'est toujours déjà posé activement lui-même au fondement de toute chose. La pensée divine, l'Idée absolue chez Hegel, se caractérise donc elle-même par

32. Friedrich Hegel, *Phénoménologie de l'esprit*, T.I, Préface, p. 8.

ceci qu'elle n'est pas seulement pensée et créatrice d'objets, mais qu'elle est, avant tout, ce qui de toute éternité *se produit* et *se pense* soi-même absolument (« jouissant » ainsi d'elle-même, dit Hegel[33]), c'est-à-dire, ce qui est toujours l'effet d'elle-même et d'elle seule : elle se pense et se pose ainsi elle même comme ce qui a déjà pour essence de se poser soi-même (elle pose comme « effet » d'elle-même, sa propre « causation »). Elle est ainsi supposée contrôler son propre pouvoir de contrôle sur elle-même : elle est origine absolue éternelle.

La subjectivité absolue se caractérise donc par l'autocontrôle rationnel absolu (elle a pour essence de « se penser se pensant »). Or, c'est à partir de cette présence absolue à soi de la pensée présupposée qu'est l'Idée absolue hégélienne, que sont déployées, dans la *Logique*, les Catégories qui constituent les essentialités logiques permettant la préméditation rationnelle de toutes choses avant leur création. En effet, ainsi que le montre Hegel dans la *Science de la Logique*, l'Idée absolue, quoique déjà implicitement présente à soi, se méconnait cependant d'abord elle-même, se déployant ainsi à travers des figures catégoriales, mais de manière à se reconnaître à la fin (en tant que « méthode spéculative) comme l'unité d'elle-même et de son propre auto-déploiement catégorial, lequel déploiement constitue la préméditation rationnelle de ce qui sera la structure du réel.

« Dieu, avant la création, écrit Heidegger, pense l'*Eidos* du monde, c'est-à-dire la totalité des catégories. Tel est le sens de l'ontologie ou *Logique* hégélienne »[34]. Il y a donc, dans la métaphysique de l'idéalisme allemand, l'idée que tout est d'abord suspendu à une identité absolue. Cela

---

33. Friedrich Hegel, *Encyclopédie des sciences philosophiques en abrégé*, Paris, Gallimard, 1970, § 577, p. 500.
34. Martin Heidegger, *Séminaires du Thor,* in *Questions III et IV,* Paris, Gallimard, 1996, p. 448.

apparaît aussi, par exemple chez Fichte, qui écrivait ceci dans la *Wissenschaftslehre* de 1804 : « L'essence de la philosophie consiste en ceci : *reconduire* tout *multiple* (qui s'impose pourtant bien à nous dans la façon habituelle de voir la vie) à *l'unité absolue* »[35].

Il s'agit donc, dans la métaphysique, de concevoir un « lieu » en dehors du réel, un lieu du pur *possible* (Leibniz), mais cependant plus réel que le réel qu'il va créer. Ce lieu (l'entendement divin) se caractérise par ceci qu'il s'est toujours déjà produit lui-même à partir de sa pure possibilité, qu'il est une pensée absolue transparente à elle-même s'autocontrôlant et dominant depuis l'extérieur toute chose (y compris elle-même). Il est donc *éternel*, car absolument présent à lui-même, ne dépendant depuis toujours que de soi. Or, ce lieu absolu est en même temps une pure identité (une pensée se pensant), c'est-à-dire un « Même », transparent à soi-même, qui exclut toute forme d'altérité, d'hétérogénéité. Le fondement dernier est cela : une *causa sui* qui est en même temps (c'est la même chose) une pure identité, un « Même », une tautologie originelle (une « ressemblance » absolue). Toute rationalité reconduit le réel à une telle identité (le principe de raison se rattache au principe d'identité). Or, cette identité est toujours déjà là : elle s'est toujours déjà reconnue elle-même d'avance ; elle constitue un présent éternel qui englobe son propre passé.

L'illusion d'un tel lieu absolument rationnel (Dieu) - qui fonderait rationnellement tout ce qui est et qui vient finalement se reconnaître en l'homme comme dépositaire de la Raison, de l'Esprit (centré sur le « je pense ») - est un produit de la paranoïa philosophique occidentale. Mais, nous allons le montrer maintenant, une telle paranoïa n'a

35. Cité par Alexander Schnell, in *L'effondrement de la nécessité*, Grenoble, Millon, 2015, p. 206.

pu être développée que par la vie : plus précisément, par cet *être vivant* particulier qu'est l'homme, lequel ayant dénié sa finitude de mortel jeté dans le monde (au sein de la *phusis*), c'est-à-dire ayant dénié le sens tragique de son existence, a renoué à un niveau supérieur, avec son *hubris* originelle.

En effet, la vie est certes d'abord produite par l'inorganique (par la *phusis*) où l'identité, la présence à soi, est toujours absente à elle-même (aveugle), car elle est toujours l'unité d'éléments hétérogènes et donc l'unité des tensions antagonistes (l'*En diapheron eauto*) entre ces éléments (ce qui implique la finitude de tout ce qui est). Mais à partir du moment où la vie existe, elle va, dans les limites strictes où le lui permet sa dépendance fondamentale eu égard à l'inorganique, s'auto-fabriquer, s'autoproduire. Ainsi, elle va s'auto-affirmer et proliférer, mais sous la forme de multiples espèces qui s'accordent et s'affrontent, lesquelles sont en même temps constituées d'individus voués à naître et à mourir.

Toutefois, c'est seulement avec l'homme, lorsqu'il aura renié sa finitude de mortel inséré dans l'ordre de la *phusis*, que va apparaître une *hubris* de la vie générique (de l'espèce) qui va exiger de s'auto-affirmer de manière inconditionnelle, de dénier (et de renverser) son rapport de dépendance à l'égard de l'inorganique et de s'identifier à l'être. Elle va alors exiger en premier lieu de contrôler sa propre évolution, de s'auto-fabriquer totalement. Ce qui, chez le simple vivant, est *information* immédiatement inscrite dans le corps et dans ses composantes chimiques (ADN) et lui permet ainsi de s'autocontrôler (mais de manière seulement relative, car renvoyant au corps et donc au hasard de la nature matérielle et inorganique qui a produit la vie), va se développer maintenant, chez l'homme, sous la forme d'une pensée, d'une science : de cette *science suprême* de notre temps, de plus en plus mathématisée, qu'est la biologie. C'est ce qui va rendre possible, potentiellement (comme horizon), une autoproduction totale, dont les manipulations génétiques et les différentes formes de la procréation *in vitro* (GPA et PMA par exemple) ne sont que les premières formes.

Le vivant va tenter ainsi, à travers l'homme, de se muer en pure *causa sui*, ce qui implique que son être se soit en quelque sorte précédé lui-même, qu'il ait tiré son existence de sa pure *possibilité*, c'est-à-dire qu'il se soit anticipé rationnellement lui-même *par la pensée* (par la science biologique). Celle-ci, va, en effet, préalablement déchiffrer et ainsi mettre au jour, éventuellement pour le modifier à sa guise, le code génétique contenu dans les cellules, de manière à être capable de produire à partir de là des êtres vivants identiques et en série. Or, c'est, en effet, ce qui peut bel et bien arriver à l'avenir, comme l'a montré le sociologue Jean Baudrillard, grâce à la technique du clonage humain qui réaliserait le rêve de « l'éternité du même », d'une « gémellité éternelle substituée à la procréation sexuée »[36] et donc celui de « l'abolition de toute altérité »[37]. Avec le clonage, écrit-il, « le Père et la Mère ont disparu au profit d'une matrice *appelée code*... celle du code génétique. Et c'est elle qui enfante désormais à l'infini sur le mode opérationnel expurgé de toute sexualité aléatoire »[38]. Ainsi, ajoute-t-il, « il y a précession de la reproduction sur la production, précession du modèle génétique sur tous les corps possibles »[39]. C'est pourquoi il peut affirmer, à propos du clonage, que « c'est l'irruption de la technologie comme

36. Jean Baudrillard, *Simulacres et simulation*, Paris, Galilée, p. 147.
37. *Ibid.*, p. 148.
38. *Ibid.*, p. 147.
39. *Ibid.*, p. 152.

médium total »[40], puisque « l'original n'a plus même jamais lieu »[41], de sorte qu'il s'agit de « l'apothéose délirante d'une technologie productrice »[42].

Il faut cependant bien comprendre le sens de ce que nous nous efforçons de montrer. En effet, il ne s'agit pas pour nous d'affirmer purement et simplement, de manière péremptoire, que le clonage humain est pour demain, car on peut imaginer d'autres formes de maîtrise scientifique de la reproduction. Il s'agit bien plutôt d'insister, en évoquant cette possibilité, sur le fait que l'effort de l'homme pour contrôler scientifiquement et guider sa propre reproduction, pour maîtriser sa propre évolution biologique, est bel et bien aujourd'hui une réalité qui ne fait que prendre de l'ampleur et qui est promise à un grand avenir. En même temps, cet effort de la vie générique de l'humanité pour contrôler sa propre évolution doit être pensé en relation avec un effort général pour mettre en place une vie sociale de plus en plus unifiée, autocontrôlée et rendue transparente, comme nous le verrons plus loin.

Or, en même temps que la vie humaine (ainsi que son existence sociale), s'efforce ainsi de se contrôler elle-même et poursuit l'idéal de s'auto-fonder de manière absolue, elle va développer une techno-science physique très puissante permettant d'exploiter totalement la terre et de remplacer ainsi le monde naturel donné par un monde produit et contrôlé. Il s'agit ainsi à travers cela de tenter de renverser totalement le rapport de subordination que la vie entretenait jusque là avec l'inorganique. Il apparaît alors, nous semble-t-il, à la suite de cette analyse, que la conception métaphysique du réel, de l'étant en totalité comme entièrement produit par et pour un être rationnel

40. *Ibid.*
41. *Ibid.*, p. 151.
42. *Ibid.*, p. 148.

auto-fondé, c'est-à-dire par une absolue présence à soi, ne peut être que le fantasme d'un vivant lorsque la démesure s'est emparée de lui, comme c'est le cas pour l'homme en Occident.

La métaphysique (culminant dans l'idéalisme allemand) est donc bien secrètement portée, dès le début, par l'*hubris* de la vie humaine habitée par un fantasme de toute-puissance. Et, nous l'avions vu précédemment, c'est à travers les sciences mathématisées que ce qui avait été ainsi *anticipé*, annoncé, par la métaphysique (culminant chez Hegel), va essayer de s'accomplir, de se « réaliser ». C'est pourquoi, il ne faut pas se méprendre sur le sens profond de la métaphysique, qui n'est pas religieux : il ne s'agit pas de « fuir d'ici-bas », mais plutôt de dévoiler finalement le monde sensible comme produit et contrôlé par et pour cet animal rationnel qu'est l'homme.

En effet, la philosophie traditionnelle *bien comprise* n'affirme pas, à partir de Platon, qu'il faut fuir le monde sensible[43] ou, plus tard, qu'il se *réduit* à une construction de l'esprit. Elle prétend, plutôt, que le monde sensible en son existence est positivement *produit* par un modèle intelligible, et elle dira ensuite qu'il est produit activement par notre esprit, que c'est lui qui l'amène à tenir debout en sa présence, sa « position », sa carrure. C'est ainsi que la *Critique de la raison pure* de Kant bien comprise ne nie pas l'existence, la « position » (ou l'« être posé » hors de nous) du monde extérieur spatio-temporel. Bien plutôt elle montre que l'homme, parce qu'il n'est pas un animal mais un être rationnel, est bel et bien nécessairement ouvert, à partir de conditions *a priori* déployées par sa Raison, à

---

43. C'est pourquoi, en un passage clef du Livre VII de *La République* (520 c), Platon exhorte les philosophes à « redescendre dans la caverne », après le détour par l'Intelligible.

une présence phénoménale organisée et déployée dans l'espace et dans le temps, comme telle. Bref, l'œuvre majeure de Kant montre que l'homme n'a pas seulement des perceptions (en fonction de ses intérêts vitaux), mais que celles-ci sont le lieu de l'intuition empirique d'une réalité *phénoménale*, se montrant en vis à vis en son altérité comme telle, en sa propre existence.

Toutefois, la spécificité de l'œuvre de Kant est d'établir que cette existence extérieure et phénoménale, se montrant en sa « position » propre, a été en fait d'abord produite par les catégories de l'entendement unies aux formes *a priori* de la sensibilité. Ainsi, l'existence phénoménale du monde auquel nous sommes par essence ouverts, et même l'espace et le temps dans lesquels il se déploie, ne sont qu'une *création* de notre esprit dépendant de sa logique, et ainsi propre à lui permettre de se réfléchir en lui-même, de manière à se saisir comme ce qui règne totalement sur cette réalité empirique. Bref, la *Critique de la raison pure* ne nie pas l'existence de la réalité empirique, bien au contraire, mais elle la pense en mode idéaliste, c'est-à-dire comme posée par et pour l'esprit, par la Raison auto-fondée qui vient s'y réfléchir. Elle la déploie donc comme se ramenant finalement, en dépit de l'apparence nécessaire de son altérité véritable, à un ensemble de représentations produites par la Raison. Elle révèle ainsi, à sa manière, l'idéalisme habituellement inconscient de l'homme moderne. Tout se passe, en quelque sorte, si l'on nous permet cette image, comme si nous étions ouverts à un monde exclusivement constitué par des hologrammes. Il s'agit bien, à travers cela, de « déréaliser » le réel, de le réduire à un ensemble d'apparences, consistantes certes, mais disponibles, transparentes à l'esprit et qui ne sont à chaque fois que des manifestations particulières et fugitives des lois générales qui les ont produites.

De la même manière, comme l'a établi Gérard Lebrun dans *La Patience du concept*[44], la philosophie de Hegel ne nie pas l'existence d'une nature objective, mais cette philosophie a, au contraire, pour essence même d'être un mode de *dévoilement* de celle-ci : elle la fait apparaître, la montre, en sa nullité propre de présence matérielle « massive », comme cet être totalement aliéné du Concept (de l'Idée), dont le Concept a besoin dans son processus de venue à soi, pour se réfléchir en lui-même et se saisir comme étant toute réalité. La philosophie traditionnelle ne nie donc pas l'existence (l'*on e on*), elle la *dévoile* au contraire, mais de manière à la *dénier* comme quelque chose de vraiment indépendant : elle pose, en effet, que celle-ci est activement produite par une structure rationnelle. Toute métaphysique, de Platon à Hegel, est ainsi, et n'est rien d'autre qu'une pensée (et un dévoilement) de l'existence, de l'*on e on*, de « ce qui *est* en tant qu'il *est* », de l'être posé hors de nous d'un monde empirique de choses, comme l'affirme Aristote dans le Livre Gamma de sa *Métaphysique*. Mais l'existence y est dévoilée sur le mode du déni, car elle est fondée sur une essence intelligible et dépendante de celle-ci.

L'homme moderne va alors tenter de faire apparaître effectivement le monde de cette manière, il va chercher à « réaliser » la métaphysique. En effet, la métaphysique traditionnelle, à travers son développement progressif, prétend révéler peu à peu aux hommes que le réel, en dépit de toutes les apparences, est entièrement fondé sur la Raison. Elle implique donc, lorsqu'elle atteint son achèvement, que la réalité dans son ensemble ait finalement pour vocation, aux yeux des hommes

44. Gérard Lebrun, *La Patience du concept*, Paris, Gallimard, 1972, p. 146-148.

modernes, de se montrer enfin *explicitement* telle qu'elle est : produite par et pour la Raison humaine, elle-même au service de la vie. Dans la mesure où l'homme est au plus profond ouvert à l'être comme pure existence sans fond de l'étant en son altérité irréductible, l'oubli radical (ou plutôt le déni) de l'être ainsi conçu comme clef de notre histoire, ne peut être qu'une réduction de celui-ci à un monde de simulation totalement disponible, produit par l'arraisonnement total de l'étant, au service de l'*hubris* de la vie humaine déniant sa finitude. Tel est, en sa cohérence, le sens impensé de la philosophie heideggérienne tout entière, qui a médité le destin de l'occident depuis les Présocratiques jusqu'au déploiement de la techno-science planétaire.

Troisième partie

La civilisation mondiale comme accomplissement de la métaphysique

La science technicisée et déployée aujourd'hui au plan planétaire est une « connaissance productive » du réel, qui conduit cependant à le dévoiler, nous l'avons vu, tel qu'il est du point de vue de « l'idéalisme inconscient » de l'homme moderne (c'est-à-dire comme fondé sur la Raison). Il s'agit donc de « mettre en œuvre » le dévoilement métaphysique de l'étant empirique en son être, en tant qu'il porte, d'abord secrètement, l'homme moderne. L'étant empirique va alors être dévoilé en sa position, sa stabilité, sa consistance propre (son existence hors de nous et donnée aux sens), comme entièrement produit par la vie rationnellement organisée, à partir de la calculabilité totale, et donc entièrement disponible, bref, comme posé par et pour elle, comme ce en quoi elle se retrouve, se réfléchit.

Or, il faut comprendre le sens de cette disponibilité, car elle relève d'un mode du « laisser faire encontre » (*Begegnenlassen*) l'étant comme tel (en tant qu'il *est*), car elle est ontologique : il ne s'agit pas seulement de faire en sorte que l'étant soit entièrement disponible et consommable pour la vie humaine, mais que, simultanément, la disponibilité soit son essence même, dans le sens où elle en assure la consistance propre et spécifique. Il s'agit de produire de toute pièce une réalité consistante (qui « est »), reposant en soi-même autour de nous, donnée aux sens, mais qui cependant soit caractérisée par la disponibilité totale (produite par et pour la vie à partir d'une calculabilité totale qui lui assure sa consistance propre) : mondes virtuels, images en trois dimensions, réalités produites par des logiciels numériques (imprimantes trois dimensions), espaces verts, véhicules et habitations interactifs. Il s'agit de se trouver plongé dans une réalité « consistante », mais qui n'a d'altérité véritable qu'en apparence, qui est transparente et entièrement contrôlable, car produite par des modèles mathématiques. Or, cela revient à dire que le réel tend à se réduire à une *réalité simulée* : qu'il n'est plus constitué que par des « apparences consistantes ». Et il ne s'agit plus d'une forme de simulation qui imite la réalité, mais bien plutôt qui la remplace. Or, c'est à partir de là qu'il faut lire le sociologue Jean Baudrillard (auquel nous nous étions déjà référé plus haut), car il nous paraît apporter une contribution décisive à l'élucidation du sens de la technique moderne telle que la pense Heidegger. La technique scientifique moderne s'oriente, en effet, d'après Baudrillard, vers la mise en place d'une réalité qui ne serait plus qu'un simulacre de réalité (donc transparente, fugitive, et à notre service). Voici en effet ce qu'il écrit très brillamment - dans un passage essentiel de *Simulacres et simulation* qu'il nous faut maintenant citer - à propos de ce que tend à devenir la relation de l'homme moderne au réel :

« Si nous avions pu prendre pour la plus belle allégorie de la simulation la fable de Borgès où les cartographes de l'Empire dressent une carte si détaillée qu'elle finit par recouvrir très exactement le territoire…, cette fable est révolue pour nous… Aujourd'hui l'abstraction n'est plus celle de la carte, du double, du miroir ou du concept. La simulation n'est plus celle d'un territoire, d'un être référentiel, d'une substance. Elle est la génération par les modèles d'un réel sans origine ni réalité : hyperréel. Le territoire ne précède plus la carte, ni ne lui survit. C'est désormais la carte qui précède le territoire – *précession des simulacres* -, c'est elle qui engendre le territoire et s'il fallait reprendre la fable, c'est aujourd'hui le territoire dont les lambeaux pourrissent lentement sur l'étendue de la carte. C'est le réel, et non la carte, dont les vestiges subsistent çà et là, dans les déserts qui ne sont plus ceux de l'Empire mais le nôtre. *Le désert du réel lui-même* (…).

Le réel est produit à partir de cellules miniaturisées, de matrices, de mémoires, de modèles de commandement – et il peut être reproduit un nombre indéfini de fois à partir de là… En fait, ce n'est plus du réel, puisqu'aucun imaginaire ne l'enveloppe plus. C'est un hyperréel, produit de synthèse irradiant de modèles combinatoires dans un hyperespace sans atmosphère… Il s'agit d'une substitution au réel des signes du réel, c'est-à-dire d'une opération de dissuasion de tout processus réel par son double opératoire, machine signalétique métastable, programmatique, impeccable, qui offre tous les signes du réel et en court-circuite toutes les péripéties. Plus jamais le réel n'aura l'occasion de se produire – telle est la fonction vitale du modèle dans un système de mort, ou plutôt de résurrection anticipée qui ne laisse plus aucune chance à l'évènement même de la mort. Hyperréel désormais à l'abri de l'imaginaire, et de toute distinction du réel et de l'imaginaire, ne laissant place qu'à la récurrence orbitale des modèles et à la génération simulée des différences »[45].

Mais dans la mesure où la technologie moderne - grâce à l'informatique et à la robotique qui en commandant les machines, nous épargnent la nécessité de nous confronter directement au réel - nous permet de plus en plus de ne rencontrer la réalité empirique et le monde naturel, qu'à travers des écrans et des réseaux, tout se passe comme si nous étions en permanence dans un tel univers de simulation. Voici, en effet, ce que Baudrillard écrit dans un texte intitulé *L'Autre par lui-même* :

« Aujourd'hui, plus de scène ni de miroir, mais un écran et un réseau. Plus de transcendance ou de profondeur, mais la surface immanente du déroulement

45. Jean Baudrillard, *Simulacres et simulation*, p. 9 à 12.

des opérations, la surface lisse et opérationnelle de la communication. A l'image de la télévision, le plus bel objet prototypique de cette ère nouvelle, tout l'univers environnant et notre propre corps se font écran de contrôle… Déjà Barthes l'avait signalé pour la voiture : à une logique de la possession… se substitue une logique de la conduite… Non plus des phantasmes de puissance, de vitesse… mais une tactique potentielle liée à son usage (maîtrise, contrôle et commandement, optimalisation du jeu de possibilités qu'offre la voiture…), et du coup transformation du sujet lui-même, qui devient ordinateur de la conduite, et non démiurge ivre de puissance. Le véhicule devient une bulle, le tableau de bord devient une console, et le paysage tout autour se déroule comme un écran télévisé »[46].

Or, pour Baudrillard, cette analyse vaut également pour l'univers domestique dans le cadre de la « domotique », c'est-à-dire de l'habitat de l'avenir, totalement informatisé et permettant de tout commander à distance. Voici, en effet, ce qu'il ajoute :

« Télématique privée : chacun se voit promu aux commandes d'une machine hypothétique, isolé, en position de parfaite souveraineté, à distance infinie de son univers originel, c'est-à-dire en position exacte de cosmonaute dans sa bulle… Cette réalisation du satellite orbital dans l'univers quotidien correspond… à la satellisation du réel lui-même… C'est l'ère de l'hyperréalité qui commence…, qui est celui de la simulation. Notre sphère privée elle-même n'est plus une scène où se joue une dramaturgie du sujet aux prises avec ses objets… Nous n'y existons plus comme… acteur, mais comme terminal de multiples réseaux… C'est l'espace

46. Jean Baudrillard, *L'Autre par lui-même*, Paris, Galilée, 1987, p. 12-13.

même d'habitation qui est aujourd'hui conçu comme espace de réception et d'opération, comme écran de commande, terminal doué de puissance télématique, c'est-à-dire de la possibilité de régler tout à distance… On pourra concevoir des simulateurs de loisir ou de vacances comme il existe des simulateurs de vol pour les pilotes d'avion… Le réel lui-même n'apparaît plus que comme un grand corps inutile… la campagne, l'immense campagne géographique, semble un corps désertique dont l'étendue même est sans nécessité (et qu'on s'ennuie à traverser même hors des autoroutes) »[47].

Or, le stade ultime de ce nouveau rapport au réel, est représenté pour Baudrillard par l'apparition d'objets techniques qui ne constitueront plus seulement un « matériel performatif », mais véritablement un « réseau informatif » avec lequel nous serons en relation interactive permanente. Il s'agit d'objets (automobiles, habitations, téléphones portables…) qui nous informerons, par exemple, « spontanément » sur notre état général, sur notre situation géographique, etc., et avec lesquels va s'établir une communication interactive, de sorte qu'apparaîtra, écrit Baudrillard, « un idéal… de régulation, de fonctionnalité bien tempérée, de solidarité entre tous les éléments d'un même système, de contrôle et de gestion globale d'un ensemble »[48]. Ce qui se met en place relève ainsi d'une *réflexivité* dans et par laquelle le « réel » avec lequel nous sommes confrontés se rend « spontanément utile », dans le cadre d'une communication permanente et circulaire. Et c'est bien ce qu'avait anticipé Heidegger, lorsqu'il évoquait pour notre avenir, ainsi que nous le verrons plus loin, un « projet cybernétique du monde ». Or, tout cela se met en place sous les traits d'un règne de

47. *Ibid.*, p. 15-17.
48. Jean Baudrillard, *L'Autre par lui-même*, p. 13.

la calculabilité totale qui est annoncé par Descartes comme nous l'avons déjà suggéré.

La *mathesis universalis* de Descartes, c'est, en effet, la mathématique comme fondement ontologique de toute réalité. Et c'est ce qui s'accomplit dans le monde moderne. Voici, en effet, ce qu'affirme Heidegger dans la conférence *Hegel et les Grecs* : « Lorsque la physique moderne s'efforce d'établir la formule qui exprime le monde, ce qui s'annonce là c'est que l'être de l'étant s'est résolu dans la méthode de la calculabilité totale »[49]. C'est pourquoi Heidegger peut affirmer, dans cette même conférence, que le monde moderne qui croit avoir dépassé les « égarements » de la dialectique spéculative hégélienne qui prétendait résorber le réel dans la pensée, en est en fait l'accomplissement même, dans le cadre d'un règne de la calculabilité se voulant totale. Il ajoute, en effet, que « nous vivons au beau milieu de cette prétendue fantasmagorie »[50].

La science moderne n'est donc pas, ainsi que nous l'avons montré plus haut, une simple connaissance des lois mathématiques qui fondent la réalité empirique - laquelle apparaîtrait toutefois, en même temps, comme indépendante de nous - mais elle prétend, à la fin de son travail, dissiper cette apparence d'une indépendance de la réalité et donc, dévoiler celle-ci telle qu'elle est effectivement, c'est-à-dire comme *produite* par ces lois mathématiques qu'elle développe, c'est-à-dire par elle. La rationalité scientifique doit faire éclater la vérité ontologique du monde empirique, elle doit le montrer, le dévoiler, comme ce qui est produit par et pour elle. Cela

---

49. Martin Heidegger, *Hegel et les Grecs*, in *Questions I et II,* Paris, Gallimard, 2006, p. 357-358.
50. *Ibid.*, p. 357.

signifie que la réalité empirique doit *se montrer*, doit nous *apparaître* en son *existence*, en son « être posé » autonome hors de nous (en tant qu'elle *est*), comme produite en fait par et pour le calcul, par le modèle mathématique déployé par la Raison. La réalité empirique en sa présence doit se montrer comme déployée par et pour la vie générique de l'humanité s'affirmant ainsi de manière inconditionnelle grâce à la Raison.

Cela signifie, répétons-le, que la rationalité scientifique moderne, qui semble remplacer et supplanter la métaphysique, accomplit en fait celle-ci, la réalise, en dévoilant le réel empirique, *l'existence* (l'*on e on*) comme fondé sur la Raison. Mais cela veut dire alors qu'elle est techno-science, de manière à pouvoir dévoiler le réel comme produit par elle, comme ce sur quoi elle règne.

C'est pourquoi, il n'est pas difficile de voir que nous sommes à l'orée d'une ère nouvelle où les mondes virtuels et les images en trois dimensions vont totalement bouleverser notre relation au réel. Or, dans cette perspective, il ne faut pas oublier, ainsi que nous l'avons vu, le rôle essentiel que vont jouer les « objets interactifs » (téléphones portables, automobiles…), qui auront pour fonction de nous renseigner, « spontanément » et en permanence, sur notre état de santé ainsi que sur le monde extérieur (situation géographique, météo, distance des magasins…). En effet, l'homme, parce qu'il est toujours *Da-sein*, c'est-à-dire le « là », de l'être, de l'*existence* des choses, en leur « position » irréductible donnée aux sens, est voué au *dévoilement* de celles-ci comme ce au beau milieu de quoi il est « jeté ». Or, lorsqu'il déni cette existence en son sens originel, comme c'est le cas en Occident, cela signifie qu'il va s'ouvrir encore à celle-ci, mais cette fois sur le mode de la dénégation de son altérité véritable : c'est-à-dire comme à ce qui est bien « posé » en sa présence empirique autour de lui, mais exclusivement *par* et *pour* sa Raison, elle-même au service de l'*hubris* de la vie.

Tel est le sens ontologique du règne de la simulation dans lequel nous entrons : la vérité originelle, l'*aletheia* (le dévoilement de l'existence empirique) est toujours présente, mais elle n'est plus le dévoilement du déjà là de la *phusis* englobante, car elle est passée sous le joug de la *certitude* cartésienne : elle est maintenant le dévoilement d'une réalité entièrement *produite* par et pour la techno-science mathématique. Dans la mesure où l'homme a une vocation ontologique, où il est le « là » de l'être, lorsqu'il renie sa finitude originelle d'être jeté au beau milieu du déjà là de la *phusis*, à laquelle il s'ouvrait pour la dévoiler par le *logos*, alors il va prétendre maîtriser totalement l'être - s'identifier activement à lui dans et par sa Raison - et *produire* lui-même la réalité empirique (prenant en quelque sorte la place qu'occupait Dieu au Moyen Age). Telle est l'*hubris* propre à un être qui est fondamentalement un *Da-sein*.

La science mathématisée, comme accomplissement de la philosophie, et à la recherche de la « calculabilité totale », a ainsi une vocation ontologique : elle est un mode de dévoilement de la réalité empirique, de ce qui *est*. La technologie n'est donc rien d'autre que le moyen que la science se donne pour faire éclater la vérité concernant le monde. La technologie appartient à la science, se déploie en elle et à son service comme projet d'un dévoilement intégral du réel empirique dans et par la calculabilité, c'est-à-dire comme fondé sur un modèle mathématique qu'il ne fait que réfléchir. La science fait donc éclater la vérité que la philosophie avait anticipée. C'est cette vérité qu'exhibait, en effet, déjà Platon, lorsqu'il disait que la réalité empirique est fondée, en dépit des apparences, sur des essences rationnelles et intelligibles (des Idées) dont elle dépend, et dont elle ne constitue que des copies à chaque fois imparfaites et fugitives qui sont comme des ombres sur les parois d'une caverne. C'est cette vérité aussi qui apparaissait lorsque Descartes dissipait l'illusion des hommes, semblable à celle que produirait un « Malin Génie », et qui consiste à croire à la consistance autonome de la réalité empirique, alors qu'elle se fonde totalement sur des idées mathématiques, lesquelles ayant été d'abord produites par Dieu, sont développées et saisies dans et par l'esprit humain.

C'est cette vérité encore qui était anticipée par Leibniz, lequel concevait le monde empirique spatio-temporel comme un ensemble d'apparences bien réglées qui sont produites par le pouvoir de représentation rationnel divin. En effet, pour lui le monde spatio-temporel des phénomènes empiriques se réduit, à l'ensemble des points de vue que prend sur lui un Dieu créateur rationnel, produisant une infinité de centres de représentation (de monades) et les coordonnant entre eux. Et enfin, c'est cette vérité qui fut *pleinement* révélée, nous l'avons vu, lorsque Kant expliqua que le monde phénoménal, qui semble totalement indépendant de nous est en fait produit par et pour notre Raison qui a déployé *a priori* la structure catégoriale rationnelle qui le fonde et l'organise comme réalité spatio-temporelle apparaissant hors de nous, de manière à se réfléchir en elle, à s'y retrouver. En effet, chez Kant, la Raison, la subjectivité centrée sur le « je pense », ne projette son unité (à laquelle sont ordonnées les catégories) dans le pur divers matériel pour l'organiser, sous les traits d'un objet transcendantal = X, que pour se réfléchir à partir de là en elle-même et se saisir comme ce qui règne sur ce monde phénoménal qu'elle a produit et qui lui est transparent. « Le sujet, écrit Heidegger, déploie son être dans le rapport à l'objet, qui est un rapport de représentation. En tant que ce rapport, il est déjà le rapport de la représentation à soi. Car la représentation présente l'objet en le représentant au sujet, en laquelle représentation, le sujet lui-même se présente comme tel » [51] . Or, c'est très exactement cette *essence réfléchissante* de la Raison qui se réalise avec la techno-science, qui ne se rapporte plus qu'aux univers de simulation (et aux objets interactifs) qu'elle a produits et à travers lesquels elle se réfléchit en elle-même.

On pourrait dire que, de la même manière que Dieu, selon la métaphysique traditionnelle, créait le monde (après l'avoir prémédité rationnellement), pour manifester sa gloire, l'homme comme être rationnel produit de toute pièce une réalité de simulation, qui remplace le monde réel et sur laquelle il peut affirmer sa toute-puissance. Toutefois, la rationalité scientifique ignore ou « dénie » sa propre vocation ontologique, son idéalisme inconscient.

Les sciences n'étaient rien d'autre, à l'origine, que les différentes branches de la philosophie comme *dévoilement* de l'existence du monde (de l'*on e on*), se montrant d'abord et provisoirement comme *étonnant*, pour apparaître très vite, de manière rassurante, en tant que fondé sur une structure rationnelle et dépendant de celle-ci. Le plein développement de celles-ci, comme sciences exactes mathématiques dans le monde moderne est donc l'accomplissement de la philosophie comme dévoilement du monde en tant que produit par une structure rationnelle (une calculabilité totale), à laquelle s'identifie finalement la Raison humaine. La techno-science, comme essence accomplie de la science, est ainsi l'aboutissement légitime de la philosophie qui pense le réel dans l'horizon de la fabrication (*Machenschaft*) à partir d'un modèle rationnel.

51. Martin Heidegger, *Hegel et son concept de l'expérience*, in *Chemins...*, Paris, Gallimard, 1979, p. 164.

Et non seulement la nature doit apparaître, dans et par les techniques nouvelles utilisant les énergies renouvelables en vue d'un développement durable, comme une réalité produite en série placée sous contrôle scientifique et ainsi par essence rationnellement consommable, mais la société elle-même doit être rationnelle, de sorte qu'elle a vocation à devenir universelle, mondialisée, et nécessaire. Elle devra donc être totalement autocontrôlée grâce aux sciences sociales, tandis que les humains seront eux-mêmes de plus en plus produits artificiellement grâce aux manipulations de la biologie génétique, et aux diverses formes de procréation *in vitro*.

Tout cela est clairement dit dans la *Conférence d'Athènes*, où Heidegger écrit que le monde moderne s'accomplit dans et par un « projet cybernétique du monde », c'est-à-dire dans le projet d'un monde entièrement contrôlé et autocontrôlé par la techno-science. Il affirme, en effet, ceci :

« Nous vivons dans un monde scientifique…, [c'est-à-dire dans]… le projet que soit en général soumis au calcul tout ce qui est accessible à l'expérimentation et contrôlable par elle… Ce projet cybernétique suppose que la caractéristique fondamentale de tous les processus calculables soit la commande… et l'autorégulation…, que le monde de l'inanimé et de l'animé soit soumis à un calcul, c'est-à-dire à une maîtrise… L'homme lui aussi a sa place dans cette uniformité… la biochimie a découvert le plan de la vie dans les gènes… Sur sa connaissance se fonde la perspective assurée de voir un jour une prise sur la production et la sélection de l'homme par la technique scientifique »[52].

---

52. Martin Heidegger, *La Provenance de l'art et la destination de la pensée* (1967), in *L'Herne, Martin Heidegger*, 1982, p. 87-89.

Et c'est bien Descartes, nous l'avons vu, qui a découvert le premier, que le règne moderne des mathématiques - des sciences mathématisées - accomplissait pleinement la métaphysique, à travers sa prétention à constituer le fondement de tout ce qui est, de toute réalité qui apparaît de manière empirique. La *mathesis* anticipe ainsi l'ensemble de ce qui est comme calculable d'avance et donc comme ayant pour vocation d'être constitué produit et maîtrisé par la science technicisée. La réalité empirique se montre alors comme un ensemble de cas particuliers, de copies fugitives et reproductibles en série, produites à partir d'un modèle intelligible.

Il apparaît ainsi que la fin de la métaphysique n'est donc pas sa décomposition, mais bien plutôt son plein accomplissement. Il s'agit, nous l'avons montré, de l'accomplissement de l'idéalisme inconscient de l'homme moderne qui dévoile la réalité empirique comme fondée, en dépit des apparences, sur la calculabilité totale et ayant donc pour vocation d'apparaître de cette manière. Le monde moderne n'est rien d'autre que l'accomplissement de « la métaphysique en tant que *mathesis universalis* », comme le dit fort justement Gérard Granel à qui nous avions déjà fait allusion[53]. Or, c'est bien ce que Heidegger avait montré dès le cours de 1935, *Qu'est-ce qu'une chose ?* auquel, d'ailleurs, Granel se réfère [54]. La métaphysique, disions-nous, n'est rien d'autre, en effet, depuis Platon et Aristote qu'une manière spécifique de dévoiler « ce qui est en tant qu'il *est* » et elle s'accomplit

53. Gérard Granel, *L'Equivoque ontologique de la pensée kantienne*, p. 25.
54. Martin Heidegger, *Qu'est-ce qu'une chose ?*, Paris, Gallimard, 1979, Section B, I, chapitre V : La science mathématique de la nature à l'époque moderne.

dans et par les sciences technicisées qui croient l'avoir dépassée et rendue obsolète. Et cela, Heidegger l'avait très clairement expliqué. Voici, en effet, ce qu'il écrit dans un long passage fondamental, dont nous ne retiendrons que les extraits les plus importants, de *La fin de la philosophie et la tâche de la pensée* :

« Philosophie, cela veut dire métaphysique... Le trait distinctif de la pensée métaphysique... repose en ceci qu'une telle pensée, prenant son départ de ce qui est présent, le représente en son état de présence... à partir de son fondement, comme étant bien fondé... La locution « fin de la philosophie » signifie l'achèvement de la métaphysique (...). D'un bout à l'autre de la philosophie, c'est la pensée de Platon qui, en diverses figures, demeure déterminante. La métaphysique est de fond en comble platonisme. Nietzsche lui-même caractérise sa philosophie comme retournement du platonisme. Avec le retournement de la métaphysique, déjà accompli avec Karl Marx, c'est la plus extrême possibilité de la philosophie qui se trouve atteinte. La philosophie est entrée dans son stade terminal. Toute tentative de pensée philosophique ne peut plus aboutir aujourd'hui qu'à un jeu varié de renaissances épigonales... Fin signifie en tant qu'achèvement, rassemblement sur les possibilités les plus extrêmes (...).

Dès l'époque de la philosophie grecque, un trait caractéristique de la philosophie vient au jour : à savoir le développement de diverses sciences à l'intérieur de l'horizon ouvert par la philosophie. Le développement des sciences est du même coup leur affranchissement de la philosophie et l'établissement de leur autosuffisance. Ce phénomène appartient à l'achèvement de la philosophie. Son déploiement aujourd'hui bat son plein dans tous les secteurs de l'étant. Il a l'air de n'être qu'une décomposition de la philosophie, mais en réalité il en est bel et bien l'achèvement (...). La ramification de la philosophie en autant de branches autonomes, et pourtant toujours de plus en plus résolument inter-communicantes, est l'achèvement légitime de la philosophie. La philosophie prend fin à l'époque présente (...). La fin de la philosophie se dessine comme le triomphe de l'équipement d'un monde en tant que soumis aux commandes d'une science technicisée et de l'ordre social qui correspond à ce monde. Fin de la philosophie signifie : début de la civilisation mondiale en tant qu'elle prend base dans la pensée de l'Occident européen (...). La rationalisation technico-scientifique qui régit l'époque présente... établit son droit d'une manière chaque jour plus saisissante par une effectivité dont nous pouvons à peine prévoir ce qu'elle peut devenir »[55].

Toutefois, si le monde moderne, tendanciellement fondé sur la science (laquelle englobe la technique), est l'accomplissement de la philosophie traditionnelle qui commence avec Platon, la question se pose alors de savoir ce qu'était alors cette philosophie. Toute philosophie, nous l'avons vu mais il faut maintenant le préciser, est un dévoilement de l'existence empirique (de l'*on e on*) en son fondement (en son « pourquoi »), qui considère que l'homme s'accomplit en le mettant en œuvre, dans la mesure où ce dévoilement, qui le définit et explique tous ses comportements, demeure habituellement enfoui en lui. Toutefois, les Présocratiques - philosophes poètes encore proches du mythe - envisageaient le fondement comme ne faisant qu'un avec l'auto-déploiement sans fond (abyssal et chaotique), mais *autonome*, de l'existence elle-même (de la *phusis*). Or, à partir de Platon, il va être considéré

---

55. Martin Heidegger, *La Fin de la philosophie et la tâche de la pensée*, In *Questions III et IV*, p. 282-304.

comme un fondement rationnel qui précède et *produit* l'existence des choses empiriques ravalées au rang de réalités de second ordre. La conséquence dernière de cela sera, nous l'avons vu, que la rationalité pleinement développée sous les traits de la *mathesis* qui portera la science moderne, va s'ouvrir à l'existence empirique des choses comme produite techniquement par des modèles mathématiques.

Il apparaît alors, finalement, à la suite de ces analyses, que le monde moderne selon Heidegger n'est pas fondé sur la technique comme le croient souvent ses interprètes, mais bien plutôt sur la science (la *Mathesis*) comme mode de *dévoilement* du réel empirique, de son être posé hors de nous et donné aux sens, en tant que produit par et pour elle. Chez Heidegger, nous l'avons déjà suggéré, c'est le cours de 1955 *Le Principe de raison* (lui-même précisé par la Section B, I, chapitre V, du cours de 1935 *Qu'est-ce qu'une chose ?*, consacrée à l'élucidation de la *mathesis*), qui donne la clef de *La Question de la technique (1953)*. Ce qu'il appelle le *Gestell* comme ce rassemblement (*Ge-*) des modes du « poser » (*stellen*), par lequel la réalité est entièrement arraisonnée et qui constitue l'essence de la technique, n'est en fait que l'accomplissement logique du processus rationnel de déploiement de la science. La technologie est une pièce du déploiement de la rationalité scientifique dans son exigence ontologique de fonder et de produire toute réalité.

Le monde moderne est donc le règne de la Raison ou encore, cela revient au même, du *principium reddendae rationis* (lui-même rattaché au principe d'identité). Ainsi, ce n'est pas la science, comme forme accomplie de la rationalité, qui dépend de la technique, mais le contraire. Dès Platon l'essence fabricatrice du rationnel apparaît : le monde des Idées, nous l'avons déjà suggéré, produit à la manière d'un *démiurge* (artisan), la réalité empirique (*Le*

Timée). Ce que Heidegger appelle la *Machenschaft*[56] appartient à la Raison, dont l'essence et la vocation sont fabricatrices. Le règne de la technique moderne est l'accomplissement de ce que la métaphysique pensait à l'avance lorsqu'elle disait que la réalité empirique avait été *produite*, *fabriquée*, par une Raison suprême, ou divine. Déjà, la métaphysique a ainsi une conception fabricatrice, donc *ontologique* de la Raison (qui n'est pas seulement une faculté de connaître). Ainsi, la techno-science a pour essence propre de faire apparaître le réel tel que la métaphysique l'avait déjà pensé et dévoilé.

Dans la conférence *Qu'est-ce que la philosophie ?* Heidegger suggère, en effet, que ce qu'on appelle la Raison est apparu et a été défini pour la première fois à l'intérieur de la philosophie à partir de Platon. « Ce qui est reconnu comme Raison, écrit-il, n'a été fixé d'abord que par la philosophie et intérieurement à la marche de son histoire »[57]. C'est seulement à partir de Platon que la philosophie est devenue l'affaire de la Raison. Et la Raison ne se réduit en aucun cas à une faculté de connaître, bien que cela n'apparaisse pas dès le début. C'est pourquoi, dès l'orée de l'époque moderne son sens fondamentalement ontologique a commencé à apparaître, et c'est pourquoi elle s'accomplit finalement dans le règne de la techno-science. La fin de la philosophie traditionnelle (dont on voit bien aujourd'hui l'épuisement dans le fait qu'elle ne donne plus lieu qu'à des commentaires et à des « commentaires de commentaires » comme le disait Jean-Marie Vaysse), est donc bien, en fait, sa *réalisation*. Or, cela, Heidegger l'a dit explicitement. Il écrit, en effet ceci dans *Dépassement de la métaphysique* :

56. Martin Heidegger, *Apports à la philosophie*, § 61.
57. Martin Heidegger, *Questions I et II*, p. 319.

« Nous prenons ici « la technique » en un sens si essentiel qu'il équivaut à celui de « la métaphysique achevée » »[58]. Et il parle aussi, plus loin dans ce même texte, de : « la technique comme forme suprême de la conscience rationnelle... » [59] . Or, nous allons essayer de faire pleinement apparaître, maintenant, sur la base de ce que nous venons d'établir, le sens du monde moderne, c'est-à-dire de la civilisation planétaire qui se met en place.

S'il est vrai qu'en dépit de l'apparence de son dépassement, c'est bien la métaphysique qui se réalise dans notre monde, alors cela soulève, en premier lieu, une question fondamentale. En effet, la question se pose de savoir comment la conception métaphysique de la structure du monde, à savoir, la séparation et la hiérarchisation de celui-ci entre un monde sensible produit et subordonné et un monde intelligible souverain et transcendant, se retrouve dans la vie sociale moderne. La métaphysique comme fondement ontologique, comme *a priori* du monde moderne, est en effet, nous l'avons vu, ceci : elle constitue le postulat idéaliste inconscient de la réduction du réel à la calculabilité totale (elle-même reconduite à l'identité absolue), comme idéal à réaliser, à mettre en œuvre. Si la métaphysique en son histoire, exhibe donc, progressivement et par avance, le mode de dévoilement de l'existence (de la simple « position » d'une présence donnée aux sens) qui porte l'homme moderne, alors, l'existence, qu'il s'agisse de celle du monde ou de celle des hommes en société, devra apparaître comme fondée sur la Raison et entièrement dépendante d'elle. Elle sera donc constituée par des réalités qui ne seront, en effet, à chaque fois, que des

58. Martin Heidegger, *Dépassement de la métaphysique*, in *Essais et conférences*, Paris, Gallimard, 1976, p. 92.
59. *Ibid.*, p. 100.

manifestations particulières, fugitives, remplaçables, produites en séries (universelles) et dépendantes d'un modèle intelligible transcendant déployé par la Raison.

Voici, alors comment cette hiérarchie métaphysique se « réalise » concrètement dans la vie sociale : la société va être hiérarchisée entre un monde sensible d'objets et d'individus arraisonnés et fugitifs, et un monde intelligible, plus « réel » (toujours plus présent à soi et consistant) situé « au-delà » et où se déploie par avance la « calculabilité totale » qui fonde et dirige ce monde d'ombres fugitives.

Il existe, en effet, des lieux privilégiés, protégés et souvent secrets, où s'opère en permanence le travail rationnel de constitution des modèles qui serviront ensuite à produire et à contrôler la réalité. Il y a ainsi dans la société, des lieux séparés et souverains, où se déploie un règne du calcul, d'une calculabilité se voulant totale, où se pensent à l'avance les différents scénarios possibles de production et de contrôle optimum du réel. Il existe, pour le dire autrement, des lieux hiérarchiquement supérieurs à tous les autres et régnant sur eux, où se déploie en secret le règne de la « préméditation rationnelle » du réel, afin de le produire de telle façon qu'il soit arraisonné, utilisable et consommable de manière optimale.

Concernant le monde matériel qui nous entoure, ces lieux (ce « royaume des ombres » pour reprendre l'expression par laquelle Hegel désigne la *Logique*[60]) sont les laboratoires de la recherche scientifique dans tous les domaines, ainsi que les bureaux d'étude des ingénieurs, qui permettent de penser à l'avance les modèles à partir desquels cette réalité empirique sera produite et contrôlée. Concernant la vie sociale, ces lieux sont, au premier chef,

---

60. Friedrich Hegel, *Science de la logique, Premier tome – Premier livre, L'Etre*, Introduction, Paris, Aubier, 1980, p. 32.

les organes administratifs du pouvoir politique où règnent dans l'ombre, de plus en plus nombreux, des technocrates spécialistes de l'« ingénierie sociale » s'appuyant sur les sciences de l'homme (science économique, sociologie, psychologie cognitive, chronobiologie...). Mais ils se trouvent, là aussi, dans les laboratoires scientifiques, car les ressources de la biologie permettent de plus en plus de produire et de contrôler la vie. Cette planification rationnelle et préalable de la société (tendant à devenir planétaire) dans tous ses aspects, a pour but de la rendre fluide, transparente, de plus en plus contrôlée, bref arraisonnée au service du déploiement optimum de la vie générique de l'humanité.

Dans le cadre de cette conception hiérarchique de la société, chaque individu particulier doit nécessairement se croire libre et autonome, alors même qu'il est au service exclusif du déploiement de la vie sociale planétaire. Or, il nous faut faire apparaître maintenant, de manière claire et précise, les raisons pour lesquelles cette civilisation rationnelle, dont l'origine est occidentale, a fondamentalement vocation à devenir planétaire.

Cela a souvent été rappelé depuis Kant, les deux critères fondamentaux du rationnel sont la nécessité et l'universalité. Par conséquent, dans la mesure où la vie humaine s'affirme désormais dans et par la Raison, elle va exiger de s'affirmer comme vie *universelle*, comme vie générique et planétaire de l'humanité. Simultanément, elle va exiger, de plus en plus, de se fonder sur des lois *nécessaires*, qui lui permettront de se poser en son autonomie, de prétendre s'auto-fonder, de ne relever que de soi (la nécessité requiert, en effet, une fondation en raison laquelle doit elle-même se rattacher à une identité, à une auto-fondation). Le règne de la techno-science est ainsi porté par l'auto-affirmation inconditionnelle de la vie humaine, comme vie *universelle* (en laquelle la vie dans son ensemble viendrait se reconnaître). La vie, qui s'imagine à travers l'homme constituer l'essence même de ce qui est et dont la Raison est l'outil fondamental, dévoile alors l'étant en totalité, comme ayant pour vocation fondamentale d'être produit par et pour le calcul, d'être une réalité de simulation à son service. Or, dans la mesure où la vie humaine *se soulève* ainsi et s'affirme comme vie générique planétaire (ou universelle), *autonome*, au centre de l'étant, elle va rejeter peu à peu toutes les particularités culturelles traditionnelles et ne reconnaître que des principes rationnels. Elle va donc refuser désormais d'être limitée par les particularismes culturels, religieux et nationaux antérieurs, de même qu'elle refusera toute dépendance, tout attachement à un lieu géographique. C'est ainsi que tout rapport de dépendance avec le passé, toute tradition, doivent être détruits, éradiqués.

Cette vie humaine, s'affirmant dans et par la Raison, exige, en même temps, que soient abattues toutes les frontières nationales et que l'humanité s'accomplisse dans une civilisation universelle, dans et par laquelle elle se reconnaîtra enfin en son unité et son autonomie comme vie générique. En dernière instance, ce n'est donc pas le libéralisme économique qui détruit les particularités culturelles et nationales et rend possible un mode de vie mondialisé et uniformisé, car il n'est lui-même que l'instrument provisoire d'une exigence rationnelle au service de la vie générique de l'humanité. C'est pourquoi l'humanité adoptera alors, nécessairement, un mode d'existence mondialisé, « nomade » et uniformisé, fondé sur la préservation de soi, le contrôle de soi, et l'exigence pour tous de se mettre au service du collectif.

La calculabilité totale fondera non seulement la réalité matérielle mise au service de l'homme, mais elle tendra à fonder et contrôler la vie sociale humaine elle-même. Au cours de ce processus la différence des sexes ainsi que la famille seront, elles aussi, nécessairement contestées (d'où la « théorie du genre »), car elles sont liées à la finitude naturelle de la vie devant se reproduire par le biais de la sexualité pour pallier la mort. En même temps, nous l'avons vu, la procréation in vitro, ainsi que les techniques visant à fabriquer la vie artificiellement et à contrôler son évolution (manipulations génétiques, clonage) seront certainement de plus en plus privilégiées. Le règne de la technique semble donc bien s'orienter vers un monde totalitaire (où règnera l'exigence du contrôle total) qui ne dira pas son nom et s'accomplira dans un cadre démocratique.

Toutefois ce totalitarisme n'apparaît pas encore pleinement et même ne se décèle pas facilement, parce que sa mise en place présuppose la destruction préalable des règles de vie traditionnelles. Nous nous trouvons donc aujourd'hui, semble-t-il, dans une phase de transition, qui dure depuis la Renaissance et dont nous ne sommes pas encore pleinement sortis, pendant laquelle notre civilisation *semble* libérale, *semble* fondée sur la conquête de la liberté individuelle. Mais comme l'a montré Michel Foucault dans *Surveiller et punir*, le monde moderne et les Lumières, qui ont découvert les libertés, ont aussi inventé les disciplines et ont préparé en secret la société de contrôle qui se met en place de plus en plus clairement et qui sera planétaire[61]. La mise en place d'un gouvernement planétaire semble en effet inéluctable et la surveillance généralisée d'Internet, par exemple, augure mal de l'orientation de cet ordre politique mondial qui va s'établir. Il est remarquable de constater, à ce propos, que Heidegger a bel et bien annoncé la mise en place future d'un gouvernement planétaire. Voici en effet ce qu'il

61. Michel Foucault, *Surveiller et punir*, Paris, Gallimard, 2002, p. 258.

écrivait après la seconde guerre mondiale, dans les dernières lignes de *La Parole d'Anaximandre* : « L'homme est sur le point de se jeter sur la terre tout entière et sur son atmosphère, d'usurper et de s'attacher, sous forme de « forces » le règne secret de la nature, et de soumettre le cours de l'histoire à la planification et à l'ordonnance d'un gouvernement planétaire »[62]. Or, voici maintenant l'une des conséquences essentielles de ce processus.

Dans la mesure où il se veut porteur des valeurs de la vie humaine, comme vie rationnelle universelle, il appartient à l'Occident de devoir se renier lui-même comme civilisation particulière. En effet, les valeurs rationnelles dont il est désormais porteur impliquent le rejet de tout ce qui est traditionnel, donc de la tradition culturelle occidentale elle-même, laquelle est à l'origine du règne planétaire de la science technicisée. C'est ainsi que notre monde se coupera de ses propres racines et de ce qui rendrait possible sa propre intelligibilité. Le règne planétaire, universel, du *Gestell* ne peut, en effet, s'accomplir que si ses origines occidentales (c'est-à-dire particulières) sont reniées. La civilisation occidentale doit ainsi disparaître comme telle pour que les valeurs dont elle est porteuse triomphent comme valeurs planétaires universelles. Cela signifie que l'Occident doit renier ses propres racines, son histoire, c'est-à-dire ses origines grecques latines et chrétiennes. Et c'est aussi cela qui explique que le mélange des cultures soit de plus en plus favorisé, afin qu'elles s'entredétruisent peu à peu par contamination, qu'elles ne soient plus que du « folklore ».

C'est donc sur les ruines de la particularité culturelle que se déploiera la civilisation technicienne rationnelle

62. Martin Heidegger, *La parole d'Anaximandre*, in *Chemins...*, p. 449.

planétaire, dont les valeurs seront définies par la science (sport, diététique, reproduction in vitro etc.). Le monde moderne est fondé sur l'illusion de la possibilité d'en finir définitivement avec ces règles coutumières anciennes portées par la langue qui constituaient la culture d'un peuple, de manière à fonder l'existence uniquement sur la Raison. Il est donc fondé sur l'illusion de la possibilité de supprimer ce que les anthropologues avaient appelé « l'ordre symbolique », c'est-à-dire sur le projet d'une éradication progressive de ces règles et interdits coutumiers qui étaient jusques là considérés comme fondateurs de l'humanité même. Dans l'installation progressive de ce règne de la Raison au service de la vie générique de l'humanité, ce qui est traqué sans relâche est la *particularité* (avec sa contingence, son « déjà là ») sous toutes ses formes au profit d'un mode de vie et de pensée universel (à la fois mondialisé et rationnellement produit).

Il s'agit donc, disions-nous, d'en finir avec tout ce qui est donné, déjà-là sans raison de manière immémoriale : aussi bien le lien avec un sol natal que les coutumes, que les appartenances nationales. Cela passe, nous l'avons vu, par le mélange des cultures réduites à leurs aspects « pittoresques ». Et cela prend aussi un sens économique : la production doit être en rapport avec une interdépendance mondiale qui ne prendra que provisoirement la forme libérale d'un marché mondial. Il s'agit donc de mettre en place un mode de vie « hors sol » - ou si l'on veut « offshore ».

Ce qui caractérise le rationnel, c'est, en effet, tout d'abord, disions-nous, qu'il est le *nécessaire* : ce qui n'est pas « contingent » et donc donné sans raison avec une part de hasard, mais ce qui est, au contraire, logiquement *produit* et *fondé* (donc ne pouvant pas ne pas être ainsi) par un *modèle théorique* relevant lui-même d'une logique contraignante. Le rationnel c'est donc partout et toujours la précession des *modèles* (de la représentation) sur la réalité. Mais, le rationnel, c'est aussi, simultanément, *l'universel* : ce qui précède tous les cas particuliers, les fonde et ainsi les uniformise, les reconduit à son unité (leur enlevant donc *a priori* ce qu'ils pourraient avoir de proprement particulier, de différent, pour en faire une diversité homogène). Une société rationnelle est donc fondée sur des règles cohérentes, contraignantes et incontestables, et en même temps elle exige que tous les individus, sans la moindre exception, se conforment à celles-ci.

L'existence humaine doit ainsi désormais être caractérisée par l'extraterritorialité (en dépendant d'une pure logique rationnelle universelle), détachée donc de tout poids du passé, de tout attachement à un lieu, de toute particularité véritable (d'où, par exemple, l'exigence de pouvoir changer de sexe). Et cette logique, par définition déterritorialisée, est à son tour au service du développement et de la mise en sécurité de la vie générique de l'humanité (de l'espèce, au service de laquelle tout individu doit être impérativement mobilisé), laquelle *s'imagine* en osmose avec tout le règne du vivant, et en même temps régnant sur la réalité, en ayant le primat sur l'inorganique lequel a donc pour vocation d'être mis à son service par la techno-science.

Il va donc être impératif, pour les hommes, de développer un mode de vie et de consommation mondialisé, universel, ce qui implique le développement des échanges mondiaux, car il s'agit de se donner une existence *offshore*. Ce mode de vie devra être défini par les critères rationnels et donc universels de la biologie et de la médecine et tous leurs dérivés (diététique, médecines douces, psychologie etc.). Les particularités humaines doivent faire place à l'unique objectif du développement rationnel de la vie collective et de sa mise en sécurité. Tout cela s'accomplit bien sûr dans la dénégation, c'est-à-dire en se présentant, au contraire, comme un règne de la liberté, de la libération à l'égard de traditions aliénantes. On comprendra alors que, peu à peu, la propriété privée va apparaître, et apparait déjà, comme un archaïsme qui fait obstacles à cette exigence d'universalité. Et il n'est pas difficile de voir que l'emprise inquisitrice de l'Etat est déjà telle aujourd'hui, qu'en dépit des apparences, le processus de l'abolition de celle-ci est déjà en marche.

C'est pourquoi, il nous semble, nous allons le voir maintenant, que cette civilisation planétaire qui se veut rationnelle et universelle et qui débouchera certainement sur la mise en place d'un gouvernement mondial (dont on ne peut cependant prévoir la forme), est, très exactement, cela même qu'avait décrit ce génial disciple de Hegel qu'est Marx, sous le nom de communisme (ou de socialisme). Il a écrit, en effet, avec beaucoup de perspicacité, dans les *Manuscrits de 44* une phrase qui devrait être longuement méditée : « Le communisme... est l'énigme résolue de l'histoire »[63]. Et il ajoute à la suite de celle-ci, pour préciser sa pensée, que « le mouvement entier de l'histoire est donc... l'acte de procréation *réel* de ce communisme »[64].

63. Karl Marx, *Manuscrits de 1844*, Paris, Editions sociales, 1972, p. 87.
64. *Ibid.*

Quatrième partie

Le *Gestell* et la fin de l'histoire selon Marx

Le règne de la Raison est donc celui d'une réalité – sociale et naturelle - entièrement fondée sur la calculabilité totale et donc produite par et pour le calcul. Il s'agit de l'idéal d'un monde où la diversité, sous toutes ses formes, serait homogène (en étant totalement relativisée), car reconduite à l'identité absolue (la présence à soi de la Raison au service de celle de la vie) et fondée sur celle-ci de manière nécessaire. Un monde homogène, planétaire, donc fondé sur des règles nécessaires et universelles, donc égalitaire, transparent et ainsi entièrement autocontrôlé. La nature elle-même, exploitée et contrôlée, serait au service de cette vie générique, réduite à la disponibilité, mais de manière rationnelle. C'est le parfait déni de l'existence en ce qu'elle implique la contingence, la diversité, l'hétérogénéité, la liberté individuelle... Ce règne est le fantasme de la vie humaine générique lorsque la démesure s'est emparée d'elle et qu'elle cherche à dénier l'ouverture à l'existence qui la caractérise d'abord. Il s'agit de dénier la contingence du monde, la finitude des êtres particuliers, et de produire une réalité qui sera fondée sur la calculabilité totale. Or, ce monde correspond très bien à ce que Marx a défini comme étant le communisme, lequel, secrètement, est déjà en train de se mettre en place de nos jours et ne peut, selon lui, être que mondial.

En effet, ce que Marx appelle communisme ou socialisme, représente le projet d'une société, non seulement égalitaire, où la propriété privée a été supprimée, mais en même temps, grâce à cela, autocontrôlée, transparente, bref rationnelle. Voici en effet ce qu'il écrit dans *L'Idéologie allemande* : « La dépendance universelle, cette forme naturelle de la coopération des individus à l'échelle de l'histoire mondiale, sera transformée par cette révolution communiste en *contrôle et domination consciente* de ces puissances qui, engendrées par l'action réciproque des hommes les uns sur les autres, leur en ont imposé jusqu'ici, comme si elles étaient des puissances foncièrement étrangères et les ont dominés »[65]. Le communisme, comme société rationnelle autocontrôlée (par un Etat rationnel), dont Marx a cru à tort qu'il représentait la première étape d'une émancipation des hommes, serait donc la forme sociale qui correspond au règne accompli de la métaphysique. Il serait l'aboutissement logique de notre histoire occidentale devenue planétaire, qui n'est rien d'autre que celle de la mise en place du règne de la Raison.

C'est pourquoi Heidegger a engagé ce qu'il a appelé, dans la *Lettre sur l'humanisme*, un « dialogue productif avec le marxisme »[66]. En effet, la pensée de Marx, qui s'inscrit dans le prolongement de Hegel, décrit très bien, non pas une utopie, mais plutôt ce qui se met déjà progressivement en place de nos jours. C'est pourquoi Heidegger a pu écrire que « le marxisme est bien la pensée d'aujourd'hui, la pensée qui correspond à la situation d'aujourd'hui, où effectivement règne l'autoproduction de l'homme et de la société »[67]. Certes, « avec Marx est atteinte la forme absolue du nihilisme »[68], c'est-à-dire de l'oubli de l'être, parce qu'il croyait que ce qu'il décrivait, avec beaucoup de perspicacité, comme notre avenir déjà en gésine dans le présent, déboucherait finalement sur une

---

65. Karl Marx – Friedrich Engels, *L'Idéologie allemande*, Paris, Editions sociales, 1975, p. 67. C'est nous qui soulignons.

66. Martin Heidegger, *Lettre sur l'humanisme*, Paris, Aubier, 1977, p. 103.

67. Martin Heidegger, *Le Séminaire de Zähringen*, in *Questions III et IV*, p. 475.

68. *Ibid.*, p. 481.

émancipation des hommes alors qu'il s'agit du plus profond asservissement qui puisse être. L'illusion de Marx est en effet d'avoir imaginé une phase supérieure du communisme au cours de laquelle l'Etat dépérirait ce qui ouvrirait la voie à un règne de la liberté. Or, il s'agit là d'une illusion dans la mesure où il définit par ailleurs le communisme par l'auto-organisation rationnelle et transparente de la société, ce qui implique aussitôt l'emprise totale de l'Etat organisant la vie sociale de manière nécessaire et universelle.

Toutefois, la grandeur de Marx réside en ceci, pour Heidegger, qu'il décrit bel et bien la situation d'aujourd'hui telle qu'elle commençait déjà à se mettre en place au XIXe siècle, et cela parce qu'il s'inscrit dans le prolongement direct de la pensée de Hegel qu'il complète. Heidegger écrit en effet que « Marx demeure à l'intérieur de la métaphysique de Hegel »[69]. Marx qui s'inscrit donc dans le prolongement du hégélianisme, complète, en effet, Hegel de manière décisive en développant le thème de la domination essentielle de la nature par la technique industrielle, et celui de la nécessité de l'appropriation collective des moyens de production pour mettre fin à l'aliénation que représente la propriété privée, laquelle divise la société en classes hiérarchisées et empêche ainsi la parfaite auto-affirmation de l'homme comme être générique. L'homme doit donc accéder à cette autonomie en tant qu'être générique, laquelle consiste en un absolu autocontrôle de la vie sociale uniformisée et en une transparence totale. Or, cela implique le renoncement à sa particularité.

Cela a conduit Marx à ne voir, avec beaucoup de finesse, dans le capitalisme, qu'une phase transitoire et

---

69. Martin Heidegger, *Les Principes de la pensée*, in *L'Herne, Martin Heidegger*, 1982, p. 80.

nécessaire dans la mise en place progressive du communisme planétaire. C'est pourquoi, en dépit des apparences, le communisme est en train de s'accomplir *dès aujourd'hui*. Il faut lire, en effet, avec beaucoup d'attention ce passage fondamental de *L'Idéologie allemande* où Marx et Engels insistent sur l'absence totale d'utopisme de leur doctrine, dans la mesure où elle s'efforce uniquement de décrire ce qui arrive. Voici ce texte bref, mais dont chaque mot est pesé : « Le communisme n'est pas pour nous un *idéal* sur lequel la réalité devra se régler. Nous appelons communisme le mouvement *réel* qui abolit l'état actuel. Les conditions de ce mouvement résultent des prémisses actuellement existantes »[70]. Tout cela ne se voit cependant pas parce que la plupart des disciples actuels de Marx (qui ne semblent pas toujours l'avoir bien lu), voient dans le capitalisme une monstruosité qui fait obstacle à l'émancipation des hommes, ne comprenant pas qu'il n'est qu'une phase transitoire et indispensable pour réaliser une humanité mondialisée.

Il revient à Jacques Attali d'avoir clairement montré, dans *Karl Marx ou l'esprit du monde*[71], que Marx voyait dans le capitalisme une phase transitoire *positive*, préparant en son sein la mise en place d'un socialisme mondial, en détruisant les particularités nationales et culturelles. Toutefois, ce sens de notre histoire n'apparaît pas aujourd'hui à cause du fantasme de cette « hydre » monstrueuse que serait le libéralisme économique. Mais lorsque cette illusion est dissipée (ce qui n'empêche pas la lucidité concernant les aberrations et les injustices du libéralisme) on peut alors voir plus clairement, grâce

70. Karl Marx – Friedrich Engels, *L'Idéologie allemande*, p. 64.
71. Jacques Attali, *Karl Marx ou l'esprit du monde*, Paris, Fayard, 2005.

précisément à cet extraordinaire philosophe de l'histoire qu'est Marx, l'orientation effective de notre histoire.

Certes, il est impossible de prévoir à quel moment, et sous quelle forme précise, le dépassement du capitalisme s'accomplira finalement, mais à en croire Marx l'avènement d'un socialisme mondial, qui suppose la mise en place d'un Etat rationnel mondial (dirigeant l'économie mondiale en mettant fin au libéralisme) et qui s'établira certainement pour des siècles, est inéluctable. Et ce n'est pas un hasard si Alain Badiou, qui est, disions-nous plus haut à propos de sa conception ontologique des mathématiques, l'héritier contemporain légitime de toute la tradition philosophique rationaliste depuis Platon, parvient, là aussi, à la même conclusion que nous, en affirmant que le communisme sera l'aboutissement nécessaire de notre histoire. Ces deux convergences (sur le sens ontologique moderne des mathématiques, et sur la conception du communisme comme aboutissement logique de notre histoire) entre la philosophie heideggérienne (telle que nous l'interprétons) et celle d'Alain Badiou, sont à nos yeux le signe très sûr, à la fois, de la pertinence de la pensée de ce dernier - qui s'inscrit pleinement dans la tradition culminant chez Hegel et Marx - et de celle de Heidegger qui accomplit, au contraire, l'examen critique radical de cette tradition. Alain Badiou affirme, en effet, avec beaucoup de pertinence, que les échecs révolutionnaires du passé ne doivent pas nous empêcher de voir que « l'histoire du communisme commence à peine »[72], car il est bel et bien notre avenir.

Il faut bien comprendre cependant, qu'à nos yeux, cette convergence particulière entre la pensée de Heidegger et celle de Marx (défendue par Badiou), qui voient tous deux

72. Alain Badiou, Jean-Claude Milner, *Controverse*, Paris, Le Seuil, 2012, p. 71.

dans le communisme l'accomplissement nécessaire de notre histoire, ne constitue en aucune manière une « preuve » de la vérité d'une telle conception. Il s'agit pour nous, évidemment, d'une simple hypothèse, laquelle nous paraît cependant très pertinente. En effet, il semble bien que le communisme soit déjà en marche à travers la mondialisation, avec le nivellement et l'uniformisation sociale planétaire qu'elle entraîne et que réalise le capitalisme, de sorte qu'il représentera l'aboutissement logique de notre histoire. Il faudrait comprendre en effet notre époque, marquée par la mondialisation et les convulsions qu'elle engendre, comme n'étant en réalité rien d'autre que le moment historique crucial de la difficile *gestation* d'un socialisme planétaire. On ne peut savoir à l'avance quel sera le statut exact de L'Etat mondial qui va s'établir - permettant le contrôle de l'économie en mettant fin au libéralisme - mais on peut supposer qu'il s'agira d'une organisation fédérale à la manière de l'ONU (qui en est la préfiguration en esquisse), mais dotée de pouvoirs considérables. Or, c'est cette compréhension de l'orientation fondamentale de notre histoire qui va nous donner la clef du sens des dictatures communistes du vingtième siècle.

En effet, de la même manière que le bref épisode de la Terreur révolutionnaire en France (1793-1794) fut une préfiguration, « en miniature », des dictatures communistes du vingtième siècle, celles-ci constituent à leur tour une préfiguration, à plus grande échelle mais encore prématurée et grossière (car trop brutale pour entraîner l'adhésion des peuples), du socialisme planétaire qui se met progressivement en place, comme société rationnelle, transparente, ayant abolie la propriété privée des moyens de production et donc parfaitement autocontrôlée. L'indulgence dont ont bénéficié ces régimes qui ont été pourtant totalitaires provient donc certainement du fait qu'ils étaient l'anticipation, prématurée et grossière, du sens final de l'histoire, c'est-à-dire de cela même qui est inconsciemment souhaité par une bonne partie de l'humanité.

Il est alors possible d'imaginer que, depuis la Renaissance, nous soyons dans une longue période de transition entre ce que Jacques Le Goff appelait le « totalitarisme médiéval »[73] et celui qui se prépare au plan mondial (préfiguré par les dictatures communistes du vingtième siècle). L'exaltation de la liberté dans le monde moderne, avec le développement des démocraties parlementaires et du libéralisme économique, n'aura donc représenté qu'une longue phase transitoire. Il fallait, en effet, d'abord se libérer de toutes les traditions anciennes, des hiérarchies sociales archaïques, bref du poids d'un passé culturel haï.

C'est cette émancipation qui a donné l'impression, dans un premier temps, que nous entrions dans un monde de liberté. C'est ainsi que la Déclaration des droits de l'homme et du citoyen de 1789 semblait bien annoncer une véritable ère de liberté, puisqu'avec beaucoup de bon sens, elle affirmait que la liberté ne pouvait être rien d'autre qu'une liberté individuelle et qu'elle ne pouvait se concevoir sans que l'Etat reconnaisse le caractère sacré et inviolable de la vie privée. Or, cette Déclaration - dont l'Etat moderne se réclame en permanence alors même qu'il ne cesse peu à peu de la violer dans les faits par son emprise de plus en plus grande et inquisitrice sur les individus - semble malheureusement appartenir à une telle phase transitoire.

---

73. Jacques Le Goff, *La Civilisation de l'Occident médiéval*, Paris, Arthaud, 1984, Introduction, p. 15. « Le Moyen Age, écrit-il exactement, a été pour le meilleur et pour le pire, totalitaire ».

Les révolutions qui, en Russie, en Chine, au Cambodge, en Amérique Latine etc., ont secoué la planète depuis un siècle (toutes inspirées par la Révolution française) ne doivent donc être comprises que comme les épisodes complexes d'une unique guerre civile planétaire. Cette guerre est en fait le long processus (mais il n'est « long » qu'à l'échelle de la vie individuelle), de mise en place d'un communisme planétaire. Et l'échec des régimes communistes que ces révolutions ont mis en place (en Russie et en Europe de l'Est par exemple) ne doit donc être considéré que comme provisoire : il s'agissait, en effet, de tentatives encore prématurées, insuffisantes et grossières, mais qui s'inscrivent cependant dans le cadre d'une poussée révolutionnaire globale se déployant à long terme. C'est pourquoi le triomphe actuel du libéralisme, qui semble régner presque sans partage au plan planétaire depuis l'effondrement de la plupart des régimes communistes du vingtième siècle, n'est, disions-nous, qu'une apparence, car il ne s'agit en fait, répétons-le, que d'une phase transitoire et préparatoire à la mondialisation du communisme, laquelle constituera alors l'établissement définitif de son règne.

Marx a toujours affirmé, en effet, et il n'a jamais varié sur ce point, que le communisme ne pouvait réussir et trouver sa forme définitive qu'au plan mondial, ce qui suppose la mise en place préalable d'un capitalisme mondial. C'est ce capitalisme mondial qui, en engendrant ainsi une civilisation mondiale uniformisée, va rendre possible, finalement, la mise en place d'un Etat mondial, lequel finira par le renverser, par l'abolir, en prenant le contrôle des entreprises multinationales, du flux des capitaux, ainsi que du commerce mondial, de manière à diriger rationnellement l'économie mondiale. Le communisme suppose donc le développement d'un libéralisme mondial. « Le communisme, écrit en effet

Marx, n'est empiriquement possible que comme l'acte « soudain » et simultané des peuples dominants, ce qui suppose… les échanges mondiaux »[74]. En effet, explique-t-il, « sans cela… le communisme ne pourrait exister que comme phénomène local… et toute extension des échanges abolirait le communisme local »[75], ce qui s'est effectivement produit jusqu'à nos jours. La principale insuffisance des régimes communistes qui ont été mis en place jusqu'à nos jours est donc d'avoir réalisé, à chaque fois (en Russie, en Chine, au Cambodge), un simple « communisme local », c'est-à-dire encore particulier, alors que celui-ci ne peut s'accomplir pleinement (en tant que règne rationnel de l'Universel) que comme communisme mondial. C'est pourquoi, il ne s'agissait, à travers ces tentatives inévitablement vouées à l'échec, que d'anticipations encore prématurées de la fin de l'histoire, laquelle suppose d'abord, en effet, le plein développement d'un capitalisme mondialisé.

On comprend alors les raisons de l'amnésie presque totale, ou plutôt de l'indifférence, de notre civilisation planétaire concernant les crimes de masse du communisme qui ont pourtant provoqué près de cent millions de morts. Ainsi que nous l'avons déjà suggéré, la violence et le totalitarisme extrême de ces régimes politiques avec leurs crimes de masse, sont systématiquement minimisés ou même parfois niés, dans la mesure où ils anticipent le sens de l'histoire, ce vers quoi elle tend secrètement et qui est donc inconsciemment désiré et valorisé. En effet, ces crimes ont tous une caractéristique commune : ils ont représenté un effort radical et expéditif pour éradiquer les particularités culturelles et individuelles, bref ces archaïsmes tant haïs

74. Karl Marx, *L'Idéologie allemande*, Paris, Editions Sociales, 1975, p. 64.
75. *Ibid.*

aujourd'hui, qui font obstacle à cette « installation sans racine de l'homme normalisé », pour reprendre le mot de Heidegger, que sera la civilisation rationnelle planétaire.

Or, la mondialisation libérale actuelle, qui nous l'avons vu prépare la mise en place du socialisme planétaire, a pour fonction propre, elle-même, de détruire les particularités culturelles, religieuses, nationales et locales, mais de manière beaucoup plus « douce » et progressive. Marx a montré, en effet, que le libéralisme économique que développe la bourgeoisie a pour fonction fondamentale d'abolir partout – mais de manière moins radicale que ne l'ont fait les régimes communistes, car cela s'accomplit généralement dans un cadre démocratique - les particularités nationales des peuples, le tissu social ancien, en les faisant entrer progressivement dans une civilisation planétaire que la future révolution communiste mondiale accomplira pleinement.

Le capitalisme a été seul capable, en effet, de mettre en place une civilisation mondiale, car il s'est caractérisé dès l'origine (à la Renaissance), par une formidable accumulation de capitaux réunis en un tout petit nombre de mains (les Médicis, les Fugger, Jacques Cœur, John Law etc.), ce qui a permis le développement d'une production de richesses supranationale, de la banque et d'un marché mondial. En permettant ainsi le développement considérable, grâce à l'accumulation du capital, d'une production manufacturière, puis industrielle, délocalisée, supranationale, et reliée à un marché mondial, il a donc mis en place une civilisation mondiale uniformisée qui a arraché les individus à leurs modes de vie particuliers et ancestraux. Voici, en effet, ce que Marx écrit dans le *Manifeste du parti communiste* : « Les démarcations nationales et les antagonismes entre les peuples disparaissent déjà de plus en plus avec le développement de la bourgeoisie, la liberté du commerce, le marché mondial, l'uniformité de la production industrielle et les conditions d'existence qu'ils entraînent. La domination du prolétariat les fera disparaître plus encore »[76].

Il est essentiel de noter que Marx se réjouit de cette destruction des traditions réalisée d'abord par le capitalisme. Voici, par exemple, ce qu'il écrivait à propos des ravages accomplis par la domination britannique en Inde : « Aussi triste qu'il soit, du point de vue des sentiments, de voir ces myriades d'organisations sociales patriarcales, inoffensives et laborieuses se dissoudre, se désagréger en leurs éléments constitutifs et être réduites à la détresse, et leurs membres perdre en même temps leur ancienne forme de civilisation et leurs moyens de subsistance traditionnels, nous ne devons pas oublier que ces communautés villageoises idylliques, malgré leur aspect inoffensif… enfermaient la raison humaine dans un cadre extrêmement étroit en en faisant un instrument docile de la superstition et l'esclave des règles admises »[77]. Or, il n'est pas difficile de comprendre que cette destruction des traditions, partout dans le monde, ne peut que générer de puissantes résistances irrationnelles et extrêmement violentes.

En effet, en dépit de la (très) relative « douceur » de ce travail préparatoire d'abolition de toute particularité culturelle au plan mondial que réalise le capitalisme, il suscite inévitablement de très puissantes résistances. Au vingtième siècle, le nazisme, le fascisme, ainsi que le nationalisme japonais, doivent être compris comme

76. Karl Marx, *Le Manifeste du parti communiste*, Paris, 10/18, 1971, p. 42.
77. Karl Marx, *Les résultats éventuels de la domination britannique en Inde*, in *New Daily Tribune*, n° 3840, 8 août 1853. Cité in Jacques Attali, *Karl Marx ou l'esprit du monde*, p. 227.

d'effrayantes résistances criminelles et paranoïaques à ce processus de mondialisation qui était déjà en marche. Mais nous voyons aujourd'hui comment cette résistance des particularités culturelles anciennes prend les traits, non seulement d'un retour du nationalisme (en particulier en Europe), mais aussi et surtout - comme on le constate au plan mondial avec la radicalisation fondamentaliste de certains courants religieux - ceux d'une forme de résistance religieuse farouche et extrêmement violente. Ainsi, la mise en place de ce règne mondialisé et totalitaire de l'arraisonnement de tout ce qui est, y compris la société humaine elle-même, va certainement, et pour longtemps, affronter des résistances dévastatrices d'une violence extrême.

Toutefois, même si la mise en place de cet ordre mondial, qui va vraisemblablement prendre plusieurs siècles, parvient finalement à surmonter ces résistances, c'est-à-dire parvient un jour à éradiquer définitivement les particularités culturelles (en les rendant accessoires et donc inoffensives), il ne pourra pas prendre la forme positive et émancipatrice qu'il imagine, de manière utopique, être la sienne. Il se pourrait bien en effet que « l'effondrement du symbolique », c'est-à-dire le projet de fonder l'humanité uniquement sur la Raison - qui dans le cadre de son règne sans partage tolérerait cependant, et favoriserait même avec beaucoup de magnanimité, un multiculturalisme dévitalisé et inoffensif - soit le véhicule d'une catastrophe.

Il nous semble qu'un tel projet, d'une société homogène et rationnelle, résorbant en elle le réel aussi bien naturel que social, est voué à l'échec à cause de l'illusion métaphysique sur laquelle il repose. La vie générique de l'humanité ne peut pas, en effet, se poser comme absolue en s'autocontrôlant et en régnant sur une réalité à la fois produite et contrôlée par une calculabilité totale. Le réel inorganique, qui précède et fonde la vie, va subvertir celle-ci depuis l'intérieur, dans la mesure où elle va être conduite à la destruction et à l'autodestruction du fait de sa propre *hubris*. Cet idéal d'une rationalité absolue au service de la vie va, en effet, s'autodétruire en libérant, à son insu, la pure volonté de puissance irrationnelle et autodestructrice qui s'empare de cette vie lorsqu'elle s'affirme ainsi de manière inconditionnelle : la société homogène prendra inévitablement les traits d'une tyrannie au service de quelques individus incontrôlables, laquelle tyrannie provoquera à son tour la résistance irréductible d'individus et de groupes. Par ailleurs, l'arraisonnement technique de la nature risque fort d'échouer, et de prendre les traits d'une destruction de l'environnement (que s'efforce de masquer l'illusion d'un « développement durable », rendu possible par l'utilisation des « énergies renouvelables »).

Ainsi, de multiples manières, l'effort pour mettre en place un monde fondé sur la calculabilité totale, c'est-à-dire homogène, contrôlé et sécurisé, entièrement au service de la vie générique de l'humanité, conduit à libérer les puissances irrationnelles qu'il s'agissait de dénier (de conjurer), lesquelles vont alors se déchaîner de manière dévastatrice. Le projet, de la mise en place du *Gestell*, d'un monde social pleinement autocontrôlé (grâce à la science) et qui prendrait une dimension planétaire, est voué à buter en permanence sur une contradiction irréductible, parce que la vie ne peut s'auto-fonder et s'autocontrôler (il s'agit là d'une illusion). Cette prétention n'est que le voile d'une exigence d'affirmation absolue et irrationnelle de la vie à chaque fois dans sa particularité contingente, ce qui ne peut qu'entraîner le déchaînement anarchique de la volonté de puissance qui l'anime. Le monde moderne, lorsqu'il va se constituer en règne d'un arraisonnement planétaire totalitaire, se heurtera à un déchaînement concomitant de violence irrationnelle qu'il aura beaucoup de mal à contenir.

L'ontologie rationnelle - c'est-à-dire *dénégatrice* du sens originel de celle-ci (comme pensée de l'existence hétérogène et « sans fond »), ainsi que de la finitude essentielle de tout ce qui est, qui est exhibée par la métaphysique et qui fonde le monde moderne en s'y *réalisant* - est conduite, à long terme, à l'autodestruction. Elle aboutit au déchaînement dévastateur des puissances irrationnelles de l'être qu'elle déniait. Ce qui n'est pas tenable est ceci : qu'un monde (naturel et social) *soit* (existe), avec la diversité des êtres qui le composent, et que, cependant, il soit entièrement fondé sur une calculabilité totale. Ce qui conduit à l'implosion est l'effort pour médiatiser rationnellement et totalement l'existence. A l'arrière-plan de la Raison (de la métaphysique qui la fonde) il y a, en effet, un délire paranoïaque de la vie : vouloir un monde parfait, homogène, transparent, autocontrôlé, qui aurait éliminé la particularité (en la relativisant), la contingence, la finitude, relève d'une folie totalitaire.

La civilisation rationnelle mondialisée qui commence à prendre forme, et qui s'établira peut-être pour des siècles, sera donc en bute, dès le commencement, à une contradiction irréductible qui ne cessera de la menacer. Il s'agit, en effet, de la mise en place d'une contradiction irréductible et infernale, laquelle va certainement être, déjà, la caractéristique dominante du vingt et unième siècle : d'une part, la volonté de régir les hommes par des règles rationnelles universelles (pour permettre l'affirmation de la « vie générique » de l'humanité), qui se pare d'abord de bonnes intentions, se change inévitablement en tyrannie. Or, d'autre part, une telle mise en place d'un règne tyrannique de l'Universel abstrait, de la Raison, qui suppose la destruction totale des traditions et qui tend ainsi à libérer les individus singuliers de toute particularité, va conduire (à l'encontre de l'intention de départ) un nombre de plus en plus grand d'entre eux, à s'affirmer de manière inconditionnelle par une violence gratuite, s'opposant alors radicalement à cette tyrannie rationnelle.

Cette contradiction irréductible, cette « oscillation incoercible » - entre l'Universel abstrait totalitaire et la Singularité nomade déchaînée (puisqu'elle n'est plus particularisée, déterminée) - dont les termes se nourrissent l'un de l'autre se renforçant mutuellement, est la forme catastrophique que prend déjà, de manière tendancielle, la société moderne. C'est pourquoi, de plus en plus, se met en place l'indistinction de la paix et de la guerre comme l'affirmait Heidegger dans *Qu'appelle-t-on penser ?*[78] Le règne planétaire et totalitaire du *Gestell* qui, peu à peu, va se mettre en place se heurtera donc, semble-t-il, à une violence déchaînée de plus en plus gratuite de la part d'individus ou de groupes ; une violence qu'il a lui-même libérée à son insu (et qui provient, en dernière instance, du fait que l'individuation est indépassable). Et, comme nous l'avons déjà suggéré, à une telle violence s'ajoutera certainement celle de la nature dont les énergies cachées, qui ont été libérées par la techno-science (laquelle croyait illusoirement les maîtriser totalement), risquent de se déchaîner de manière dévastatrice.

77. Martin Heidegger, *Qu'Appelle-t-on penser ?*, Paris, Presses Universitaires de France, 1973, p. 62.

Conclusion

Ce bref essai sur l'essence du *Gestell* aurait déjà atteint son but s'il permettait de mettre au jour le sens profond et la cohérence de la pensée heideggérienne telle que notre interprétation la fait apparaître. En effet, le règne planétaire du *Gestell* représente pour Heidegger le plus extrême oubli de l'être. Or, on le sait, ce que Heidegger nomme « l'oubli de l'être » présente deux caractéristiques fondamentales. D'une part il ne s'agit, en aucun cas, d'un pur et simple « oubli », mais bien plutôt d'une *manifestation* de l'être sur le mode du « retrait ». Et d'autre part, une telle manifestation de l'être sur le mode du retrait doit en fait être entendue comme un *déni radical* du sens originel de celui-ci. C'est pourquoi le sens véritable de l'oubli de l'être doit, très exactement, être compris comme une « ontologie par dénégation », ainsi que l'a fort bien vu Jean-Luc Marion à qui nous devons cette expression (que nous avons déjà utilisée)[79].

Cela signifie que l'homme, qui est toujours *Da-sein*, est, à l'époque du *Gestell*, le « là » de l'être sur le mode de la dénégation totale de son sens originel. Or, il se trouve, on vient de le voir dans cet essai, que le *Gestell*, se caractérise par un dévoilement de l'étant empirique dans son ensemble comme produit par et pour la Raison (elle même au service de la vie) qui règne ainsi entièrement sur lui. Il se caractérise ainsi par un dévoilement de l'étant comme totalement « arraisonné ». Le *Gestell* représente

79. Jean-Luc Marion, *Sur l'ontologie grise de Descartes*, Paris, Vrin, 2000, p. 185.

donc le déni radical de l'altérité et de l'hétérogénéité de l'étant en sa présence, en sa « position » donnée aux sens et indépendante de la pensée. Il représente, plus précisément, ce déni de l'être comme fond matériel informe de l'étant, qui, habité par une contradiction fondamentale - entre une puissance créatrice aveugle et une tendance à tout reprendre en soi - déploie l'étant comme jeu de contrastes entre des choses qui présentent toujours une particularité insigne.

Bref, le *Gestell* représente la *dénégation* du sens de l'être comme pure *existence,* que les Présocratiques avaient exhibé avec le concept de *phusis* et que Sartre retrouve, dans certaines limites et à sa manière, dans les pages célèbres de *La Nausée* sur l'illumination de Roquentin face à la racine de marronnier. Pour le dire autrement et plus brièvement : la conception de l'oubli de l'être, comme projet d'un monde totalement « arraisonné », implique de manière nécessaire (en bonne logique) que le sens originel de l'être ne puisse être, chez Heidegger, autre chose que son sens « existentiel » de *phusis*, de présence « donnée », irréductible à la fondation en raison. Que Heidegger lui-même n'ait pas pleinement assumé cela est un autre problème qui renvoie à une inquiétude théologique récurrente.

Il nous semble donc, et c'est à cela que nous voulons en venir, que la conception heideggérienne de l'oubli de l'être - c'est-à-dire de son *parfait déni* - comme arraisonnement technoscientifique de l'étant et organisation purement rationnelle de la société, implique de manière logique que le sens originel de l'être soit, *au contraire*, la simple *existence* comme présence sans raison du « toujours déjà là » d'un monde en sa « position », avec la particularité, elle-même irréductible, des choses et des personnes qui le composent. Or, c'est de là que pourra apparaître le sens profond du « péril » que représente le *Gestell* aux yeux de Heidegger.

En effet, le règne planétaire du *Gestell* préparé par la métaphysique depuis Platon, représente l'illusion d'un monde - aussi bien naturel que social – qui aurait éliminé de lui toute contingence, toute particularité, toute altérité, qui serait entièrement fondé sur la Raison, homogène, bref qui aurait dénié l'existence en ce qu'elle a de toujours étonnant et particulier. Et il n'est pas sans intérêt de noter qu'avant Heidegger, Kant avait déjà décelé à sa manière, dans la *Dialectique transcendantale* de la *Critique de la raison pure,* une pathologie spécifique de la Raison, un délire de celle-ci qui prétend illusoirement atteindre l'inconditionné, accéder à une connaissance absolue en s'affranchissant de toute relation aux données de l'expérience.

L'illusion métaphysique qui habite la Raison, consiste finalement, telle est la leçon de Heidegger, à imaginer pouvoir régner pleinement sur le réel, et donc à prétendre résorber en elle *l'existence* de celui-ci, à dénier totalement sa dimension indisponible de simple « position ». Il s'agirait finalement d'en finir avec ce que dit le petit mot « être », de le « conjurer ». Or, cette illusion propre à la Raison, qui est au service d'une *hubris* de la vie générique de l'humanité, risque, évidemment, de conduire à des catastrophes, à une dévastation nihiliste de tout ce qui est, laquelle menace les êtres humains eux-mêmes, dans la mesure où chacun est porteur d'une particularité à chaque fois unique.

Depuis ses origines platoniciennes, la philosophie traditionnelle qui fonde et prépare le *Gestell*, a refusé la contingence, de sorte que tout doit être nécessaire et fondé sur des lois universelles. Dans un tel monde, il faut bien le reconnaître, la particularité de l'individu en ce qu'elle a d'unique, avec son histoire personnelle et familiale, n'a pas vraiment sa place. La philosophie traditionnelle est hostile *a priori* à tout ce qui est donné sans justification, au « déjà là ». A l'arrière-plan de cela il y a le postulat *fou* d'un monde, naturel et social, dans lequel tout serait fondé, produit par une parfaite logique, le refus obstiné que la rose soit « sans pourquoi ». Mais, dans la mesure où le réel (bien qu'il soit explicable en son « comment ») est, d'abord, toujours déjà là sans raison ; dans la mesure où il épuise bel et bien son sens à « être » (à exister), l'opération de la Raison ne peut donc être finalement que la furie de la destruction : destruction de l'environnement naturel par la techno-science et destruction de la vie sociale en sa richesse au profit d'une « organisation sans racine de l'homme normalisé »[80]. Et ces destructions risquent alors, d'entraîner un « retour du refoulé » : elles risquent de conduire au développement absolu de cela même qu'il s'agissait d'éradiquer, à savoir le désordre et la violence irrationnelle.

80. Martin Heidegger, *Introduction à la métaphysique*, Paris, Gallimard, 2006, p. 4

TABLE DES MATIÈRES

PHILOSOPHIE

AUX ÉDITIONS L'HARMATTAN

Dernières parutions

LE COMBAT PHILOSOPHIQUE DE MAURICE BLONDEL CONTRE LA DOUBLE IGNORANCE DES MASSES
Diakiodi Adrien
Il existe deux types d'ignorance que Maurice Blondel, philosophe, sociologue et théologien français, invite tout homme à combattre énergiquement pour éviter la disparition prématurée de l'espèce humaine, mais également celle de la planète Terre. Il y a, d'une part, l'ignorance de soi-même, de son être en perpétuel devenir et, d'autre part, celle de ses semblables, de son environnement, du monde physique et de l'Unique nécessaire. Ce livre s'assigne comme objectif de vulgariser les armes pour combattre ces deux fléaux, armes présentées dans sa thèse de doctorat qui l'a rendu célèbre : L'Action (1893).
(Coll. Ouverture Philosophique, 12.50 euros, 100 p.)
ISBN : 978-2-343-07377-4, ISBN EBOOK : 978-2-336-39896-9

CORPS ET POP CULTURE
Bischoff Jean-Louis
Quelles sont les principales représentations pop culturelles du corps ? Pour y répondre, Jean-Louis Bischoff interroge des musiques actuelles, la cyberlittérature, le cinéma et l'industrie de la forme. Faire apparaître et scruter les catégories de « corps réduit », d'« hyper corps », de « corps digitalisé » ou de « corps écrit », de « corps utopique » et de « corps fardeau », puis ausculter la notion de corps réel et pointer les dangers d'un nouveau purisme sont les tâches que se donne l'auteur.
(Coll. Ouverture Philosophique, 19.00 euros, 184 p.)
ISBN : 978-2-343-07378-1, ISBN EBOOK : 978-2-336-39709-2

DE DERRIDA À LÉVINAS, LA DETTE ET L'ENVOI
Le temps de l'autre – La déconstruction et l'invention du futur
Badleh Jalal
La Déconstruction est le nom de la pensée de l'évènement. Mais elle est aussi l'événement, le nom de ce qui arrive, la justice ou l'impossible. Comment s'opère la coordination entre ces deux définitions ? Qu'est-ce qu'un questionnement déconstructif ? Quelle est la place du sujet postdéconstructif dans cette opération ? Cet ouvrage essaie de répondre à ces questions à travers le dialogue qui a eu lieu entre Jacques Derrida et Emmanuel Lévinas.
(Coll. Ouverture Philosophique, 31.00 euros, 290 p.)
ISBN : 978-2-343-07449-8, ISBN EBOOK : 978-2-336-39841-9

FIGURES PHILOSOPHIQUES DU CONFLIT
Sous la direction d'Andreas Wilmes, Joan-Antoine Mallet
L'ambition de cet ouvrage est d'illustrer à la fois comment la philosophie conceptualise le conflit et comment elle s'efforce d'en résoudre les dangers inhérents. Plutôt que de proposer un aperçu purement abstrait de la notion de « conflit », l'ensemble des travaux se focalise sur la confrontation des philosophes à des problèmes historiques tels que la guerre, la dissension sociale, la tyrannie, ou encore le sport.
(Coll. Ouverture Philosophique, 24.50 euros, 238 p.)
ISBN : 978-2-343-07356-9, ISBN EBOOK : 978-2-336-39796-2

FRONTIÈRES DU VISAGE
(Analogique-numérique)
Boisnard Philippe
À travers une histoire de la représentation, cet essai tente d'interroger la question de l'effacement du visage. Si, pendant longtemps, cet effacement était dû à des stratégies de pouvoir, politiques et économiques, il semblerait qu'avec la démocratisation des technologies, peut-être, ceux qui étaient les effacés de l'histoire de la représentation peuvent enfin apparaître. Mais, à l'ère des réseaux, est-ce aussi simple ?
(Coll. Eidos série Retina, 13.00 euros, 110 p.)
ISBN : 978-2-343-07979-0, ISBN EBOOK : 978-2-336-39795-5

HEIDEGGER ET LE PROBLÈME DE LA MÉTAPHYSIQUE
Balazut Joël
Dès 1935 Heidegger retrouve le sens originel de la métaphysique dans la conception présocratique de l'être comme « phusis ». Sur cette base il va interpréter la métaphysique traditionnelle qui apparaît avec Platon pour culminer chez Nietzsche dans une ontologie de la vie et qui prépare le règne moderne de la technique planétaire, comme un «déni» radical de ce sens originel. L'un des intérêts de cette interprétation de la métaphysique, et non des moindres, est ainsi de rendre compte de la signification de la vogue actuelle des philosophies de la vie.
(Coll. Ouverture Philosophique, 14.00 euros, 122 p.)
ISBN : 978-2-343-07296-8, ISBN EBOOK : 978-2-336-39840-2

L'IRONIE DE SOCRATE – Essai sur l'ironie philosophique
Mestiri Samir
Contrairement à l'ironie polémique et insidieuse des sophistes, celle de Socrate est plutôt interrogeante, désirante et ex-centrique, toujours en quête de connaissance vraie. Le fameux « je sais que je ne sais rien » devient chez lui un outil de défigement de la pensée prisonnière des « systèmes compacts », mais, aussi le meilleur remède contre les pseudo-vérités religieuses et idéologiques.
(Coll. Ouverture Philosophique, 12.50 euros, 106 p.)
ISBN : 978-2-343-07035-3, ISBN EBOOK : 978-2-336-39779-5

MATHÉMATIQUES ET FRONTIÈRES
Baudrand Gabriel
Gabriel Baudrand, professeur agrégé de mathématiques, s'intéresse au thème de la frontière. La perception commune du mathématicien est celle d'un technicien

enfermé dans son monde, qui dresse une frontière entre son activité et le reste de la vie. Le formalisme de cette science entretient cette frontière alors que paradoxalement les mathématiques sont partout et que le concept même de frontières est mathématique. Autant de pistes de réflexions que l'auteur nous invite à explorer.
(Coll. Eidos série Retina, 12.50 euros, 104 p.)
ISBN : 978-2-343-07951-6, ISBN EBOOK : 978-2-336-39764-1

MÉLANGES OFFERTS À RENÉ SCHÉRER
Sous la direction de Constantin Irodotou
René Schérer, né en 1992, a été l'un des fondateurs du département de philosophie de l'université de Vincennes. Ami de Foucault, Châtelet, Deleuze, Lyotard, Bensaïd, Badiou, Rancière, Brossat, etc. Il se penche d'abord sur Husserl et Heidegger, puis s'intéresse à Charles Fourier. Militant de mai 68, il entreprend, dans son *Émile perverti*, une critique de la pédagogie. Il réactualise aussi, avec Guy Hocquenghem, le concept philosophique d'âme. «Utopie», «âme» et «hospitalité» sont les trois concepts clefs pour aborder son œuvre.
(Coll. Quelle drôle d'époque !, 38.50 euros, 374 p.)
ISBN : 978-2-343-07527-3, ISBN EBOOK : 978-2-336-39809-9

LA PENSÉE ESTHÉTIQUE DE JOSÉ VASCONCELOS DANS SON SENS ORIGINAIRE
Le contexte historiographique de la philosophie en Amérique hispanique
Luquín Guerra Roberto
La philosophie latino-américaine s'est divisée en deux orientations principales : soit dévalorisée parce que l'on considérait qu'elle ne faisait que reprendre la pensée européenne ; soit on a tenté de la sauver à partir de perspectives étrangères à la philosophie. Roberto Luquin s'interroge sur le sens que peut avoir une recherche sérieuse sur la pensée spéculative d'un philosophe latino-américain. Il soutient que le vasconcelisme est une authentique pensée philosophique, il s'agit d'un geste créateur qui a su faire le lien entre la pensée philosophique et la pratique politique.
(Coll. La philosophie en commun, 29.00 euros, 278 p.)
ISBN : 978-2-343-07624-9, ISBN EBOOK : 978-2-336-39864-8

LES PHILOSOPHIES ENVIRONNEMENTALES EUROPÉENNES
Europeana 6
Collectif
Peut-on parler d'une philosophie environnementale européenne ? Peut-on unifier, sous ce concept, un corpus hétérogène et beaucoup plus diversifié que celui que l'on peut trouver à propos de la philosophie de l'environnement dans la société nord-américaine ? Est-ce qu'une unité géographique, celle de l'Europe, peut suffire pour garantir un dénominateur commun à des conceptions philosophiques aussi diverses, voire divergentes, que celles qui existent sur le «vieux continent» ?
(Coll. Kubaba, 20.00 euros, 184 p.)
ISBN : 978-2-343-07680-5, ISBN EBOOK : 978-2-336-39785-6

LE REGARD EN-PÉCHÉ
Réflexion sur le regard porté sur le corps féminin
Bacha Lilia – Préface de Youssef Seddik – Avant-propos de Michel Sicard
Ferme les yeux et regarde à travers les paupières. Tout au fond de nous, une voix nous suggère cela face au corps de la femme. Sans être dévêtue : la femme est toujours nue, elle est ʻawra. Ce terme arabe désigne ce qu'il faut cacher et définit la femme. Quelle est cette créature exhibée par nature, au point de devoir la cacher ? Quels sont les liens entre cette créature et la femme mais aussi l'homme ? Cette réflexion propose de s'y intéresser en naviguant entre orient et occident.
(Coll. Ouverture Philosophique, 25.00 euros, 250 p.)
ISBN : 978-2-343-05808-5, ISBN EBOOK : 978-2-336-39823-5

THOMAS HOBBES ET L'IDÉE DE PUISSANCE
Karray Aouichaoui Mohamed
Ce travail propose l'étude de la théorie de la puissance telle qu'elle s'est développée dans la philosophie de Hobbes. L'idée directrice est que la puissance n'est plus une donnée de la nature mais que c'est à travers l'agir humain qu'elle s'acquiert. Elle est une capacité d'agir sur le monde par le biais de la science. Avec Hobbes, la science devient le moyen le plus spécifique de la puissance, et celle-ci, par le biais de la science, la capacité d'agir sur le monde, tant naturel qu'humain.
(Coll. Ouverture Philosophique, 33.00 euros, 324 p.)
ISBN : 978-2-343-04013-4, ISBN EBOOK : 978-2-336-39810-5

AUX FRONTIÈRES DE L'HUMAIN
Essai sur le transhumanisme
Koest Pierre
Tels des exilés, nous nous trouvons aujourd'hui dans l'entre-deux d'une frontière, qui sépare l'Humain du Trans-humain. Les progrès vertigineux de la convergence des nanotechnologies, biotechnologies, informatique et sciences cognitives font miroiter un futur aux accents utopiques, qui nous promet longévité accrue et augmentation exponentielle de nos capacités biologiques. Mais apparaît conjointement la menace d'un triomphe de l'intelligence artificielle et à terme de l'extinction de ce que l'on nommait humanité.
(Coll. Eidos série Retina, 19.00 euros, 186 p.)
ISBN : 978-2-343-07664-5, ISBN EBOOK : 978-2-336-39557-9

L'HARMATTAN ITALIA
Via Degli Artisti 15; 10124 Torino
harmattan.italia@gmail.com

L'HARMATTAN HONGRIE
Könyvesbolt ; Kossuth L. u. 14-16
1053 Budapest

L'HARMATTAN KINSHASA
185, avenue Nyangwe
Commune de Lingwala
Kinshasa, R.D. Congo
(00243) 998697603 ou (00243) 999229662

L'HARMATTAN CONGO
67, av. E. P. Lumumba
Bât. – Congo Pharmacie (Bib. Nat.)
BP2874 Brazzaville
harmattan.congo@yahoo.fr

L'HARMATTAN GUINÉE
Almamya Rue KA 028, en face
du restaurant Le Cèdre
OKB agency BP 3470 Conakry
(00224) 657 20 85 08 / 664 28 91 96
harmattanguinee@yahoo.fr

L'HARMATTAN MALI
Rue 73, Porte 536, Niamakoro,
Cité Unicef, Bamako
Tél. 00 (223) 20205724 / +(223) 76378082
poudiougopaul@yahoo.fr
pp.harmattan@gmail.com

L'HARMATTAN CAMEROUN
BP 11486
Face à la SNI, immeuble Don Bosco
Yaoundé
(00237) 99 76 61 66
harmattancam@yahoo.fr

L'HARMATTAN CÔTE D'IVOIRE
Résidence Karl / cité des arts
Abidjan-Cocody 03 BP 1588 Abidjan 03
(00225) 05 77 87 31
etien_nda@yahoo.fr

L'HARMATTAN BURKINA
Penou Achille Some
Ouagadougou
(+226) 70 26 88 27

L'HARMATTAN SÉNÉGAL
10 VDN en face Mermoz, après le pont de Fann
BP 45034 Dakar Fann
33 825 98 58 / 33 860 9858
senharmattan@gmail.com / senlibraire@gmail.com
www.harmattansenegal.com

L'HARMATTAN BÉNIN
ISOR-BENIN
01 BP 359 COTONOU-RP
Quartier Gbèdjromèdé,
Rue Agbélenco, Lot 1247 I
Tél : 00 229 21 32 53 79
christian_dablaka123@yahoo.fr

Achevé d'imprimer par Corlet Numérique - 14110 Condé-sur-Noireau
N° d'Imprimeur : 703069 - Février 2017 - Imprimé en France